BOLSONARISMO
Da guerra cultural ao terrorismo doméstico

João Cezar de Castro Rocha

BOLSONARISMO
Da guerra cultural ao terrorismo doméstico

Retórica do ódio e
dissonância cognitiva coletiva

3ª reimpressão

autêntica

Copyright © 2023 João Cezar de Castro Rocha
Copyright desta edição © 2023 Autêntica Editora

Todos os direitos reservados pela Autêntica Editora Ltda. Nenhuma parte desta publicação poderá ser reproduzida, seja por meios mecânicos, eletrônicos, seja via cópia xerográfica, sem a autorização prévia da Editora.

EDITORAS RESPONSÁVEIS
Rejane Dias
Cecília Martins

CAPA
Diogo Droschi

DIAGRAMAÇÃO
Guilherme Fagundes

REVISÃO
Bruni Emanuele Fernandes

Dados Internacionais de Catalogação na Publicação (CIP)
Câmara Brasileira do Livro, SP, Brasil

Rocha, João Cezar de Castro
  Bolsonarismo : da guerra cultural ao terrorismo doméstico : Retórica do ódio e dissonância cognitiva coletiva / João Cezar de Castro Rocha. -- 1. ed.; 3. reimp. -- Belo Horizonte : Autêntica, 2025. -- (v. 1.)

  Bibliografia
  ISBN 978-65-5928-264-7

  1. Artigos - Coletâneas 2. Bolsonaro, Jair Messias, 1955- 3. Brasil - Política e governo 4. Democracia - Brasil 5. Direita e esquerda (Ciência política) 6. Eleições - Brasil 7. Entrevistas 8. Movimento social e político I. Título. II. Série.

23-145446
CDD-321.098

Índice para catálogo sistemático:
1. Bolsonarismo : Movimento social e político : Ciências políticas   321.0981

Aline Graziele Benitez - Bibliotecária - CRB-1/3129

GRUPO AUTÊNTICA

Belo Horizonte
Rua Carlos Turner, 420
Silveira . 31140-520
Belo Horizonte . MG
Tel.: (55 31) 3465 4500

São Paulo
Av. Paulista, 2.073, Conjunto Nacional
Horsa I . Salas 404-406 . Bela Vista
01311-940 . São Paulo . SP
Tel.: (55 11) 3034 4468

www.grupoautentica.com.br
SAC: atendimentoleitor@grupoautentica.com.br

Para João Vicente
(Pai de João Cezar em tudo o que mais importa)

Acredito que todo bom orador, no momento em que abre a boca, ainda não sabe o que dizer.
Heinrich von Kleist

Um grande edifício inacabado que havia na rua parecia terminado, com vidraças e portas feitas com a luz da lua. Era um palácio de sonho.
Lima Barreto

estradas operacionais são construídas
mata adentro mata adentro mata adentro
mata
mata
mata
Cida Pedrosa

Apresentação
Uma trilogia em processo 11

Introdução
No meio do redemoinho: a Esfinge-desafio 17

Artigos

Guerra cultural e acefalia:
o ressentimento como forma 47

A arquitetura da destruição:
o bolsonarismo e seus descontentes 53

Pandemia e guerra cultural:
uma receita para o desastre 65

Macbeth dos tristes trópicos 73

Dissonância cognitiva e bolsonarismo:
realidade paralela na veia 83

A profecia falha, a violência não 91

Entrevistas

"O verbo dominante nos vídeos
dos intelectuais bolsonaristas é eliminar.
E o substantivo é limpeza." 101

Da retórica do ódio à ética do diálogo 131

Retórica do ódio e analfabetismo ideológico 141

"O Brasil é laboratório de criação de
uma realidade paralela" 151

"Em ilusão, bolsonaristas são
confrontados pela realidade" 165

Conclusão
A extrema direita veio para ficar. E agora? 173

Índice analítico 179

Índice onomástico 187

APRESENTAÇÃO
Uma trilogia em processo[1]

como um vidro,
como um beijo de novela.

Belchior

A Casa Verde-Brasil

Historiador por formação, com estudos de pós-graduação e pesquisa na área de Estudos Literários especialmente dedicados aos textos de William Shakespeare e Machado de Assis, afinal de contas, por que dedicar alguns anos à análise das estratégias discursivas da extrema direita, com ênfase para a caracterização da retórica do ódio, essa forma nada sutil de desumanização do outro? Por que palmilhar as intermináveis páginas dos ensaios de Olavo de Carvalho enquanto, melancólico, vejo na estante, ao alcance da mão, uma obra-prima de Ignácio de Loyola Brandão? A releitura de *Cien años de soledad* terá

---

[1] A redação final deste livro foi beneficiada pela concessão da Bolsa "Xiaoxiang Scholar/Visiting Researcher" – Hunan Normal University/Humboldt Centre for Interdisciplinary Research at Hunan Normal University (2021-2023).

de aguardar o enfrentamento da lógica da refutação que esteriliza o debate, tornando a noção de espaço público um inesperado caso de realismo mágico na terra plana de Theodor Adorno, compositor de "Yellow Submarine". Sem dúvida, o curso de doutorado sobre o *boom* latino-americano ficará para o outro semestre.

(*O que fazer?*)

A pergunta insiste e martela a consciência: Por quê?
A mesma literatura, apenas aparentemente deixada de lado, me socorre.
Tudo se passa como se nos últimos quatro anos uma galeria inesperada de personagens tivesse saltado das páginas dos livros para o teatro da política brasileira: Ricardo III deu as mãos a Simão Bacamarte na criação de uma Macondo-puro-horror. E tudo esteve por um triz para que nunca mais víssemos país algum.
Não exagero.

(Ou você me corrigirá.)

Ricardo III é o vilão por antonomásia do teatro shakespeariano, nem tanto por sua maldade intrínseca, que, aliás, não era nada desprezível, mas pela desfaçatez com que, desde sua primeira aparição em cena, assume a vilania de seus propósitos. O poder. Poder absoluto e, para alcançá-lo, obstáculo algum será perdoado: os irmãos, os sobrinhos, o próprio reino, não importa – são todos alvos no caminho de sua ambição. O método, perverso, é revelado sem meias palavras em sua bem estudada retórica do ódio:

> *Plots have I laid, inductions dangerous.*
> *By drunken prophecies, libels and dreams,*
> *To set my brother Clarence and the king*
> *In deadly hate, the one against the other.*[2]

[Por meio de conjuras, arriscadas
insinuações, insanas profecias,
pasquins e invencionices, mortal ódio
mantenho entre o monarca e o irmão Clarence.][3]

Teorias conspiratórias e manipulação de narrativas têm uma longa história. O resultado almejado também permanece constante, qual seja, promover o *"deadly hate"*, a fim de gerar uma atmosfera bélica que permita controlar o pensamento e eliminar a dissidência.

(Mas não se esqueça: Ricardo III fica muito pouco tempo no poder.)

No século XVIII, na remota vila de Itaguaí, o Dr. Simão Bacamarte imaginou uma experiência nova, novíssima até, inédita em sua radicalidade. Em suas palavras, desde o princípio alheias:

---

[2] SHAKESPEARE; William. *Richard III*. In: BATE; Jonathan; RAMUSSEN, Eric (Orgs.) London: The RSC Shakespeare; MacMillan, 2008. Act I, Scene I, p. 22.

[3] SHAKESPEARE; William. *Ricardo III*. Tradução de Carlos Alberto Nunes. Rio de Janeiro: Agir, 2008, p. 485.

> A loucura, objeto de meus estudos, era até agora uma ilha perdida no oceano da razão; começo a suspeitar que é um continente.[4]

Cristóvão Colombo às avessas, o alienista machadiano transforma uma *ilha perdida* num vasto *continente*. Pelo contrário, o navegador genovês apostou todas as suas poucas fichas na ilusão de que o continente americano não passava de um labiríntico arquipélago, de modo que pudesse por força encontrar a passagem mítica que comunicaria as grandes águas do Atlântico e do Pacífico.[5]

(Ilusão tornada realidade pelas mãos dos construtores do Canal do Panamá, inaugurado em 1904.)

Um pouco adiante, armado com uma lógica peculiar, um terraplanismo psiquiátrico para chamar de seu, o Dr. Bacamarte concluiu a definição da nova teoria:

---

[4] ASSIS, Machado de. *O alienista*. Rio de Janeiro: Nova Aguilar, 1988, p. 260. (Obra completa, volume II.)

[5] Em *O futuro de uma ilusão*, Sigmund Freud recorreu ao exemplo de Cristóvão Colombo para diferenciar erro de ilusão. No terceiro volume da trilogia iniciada por este volume, *Dissonância cognitiva coletiva*: *midiosfera extremista e metaverso*, o ensaio de Freud terá papel de destaque. De imediato, uma breve citação: "[...] foi uma ilusão de Colombo ter descoberto um novo caminho para as Índias. A participação de seu desejo nesse erro é bem clara" (FREUD, Sigmund. *O futuro de uma ilusão*. Tradução de Maria Rita Salzano Moraes. Belo Horizonte: Autêntica, 2020, p. 263. (Obras Incompletas de Sigmund Freud)).

A razão é o perfeito equilíbrio de todas as faculdades; fora daí, insânia, insânia e só insânia.[6]

O paradoxo salta aos olhos: a expressão do alienista é o desequilíbrio em estado de dicionário. Basta observar a repetição desnecessária do substantivo *insânia*, repetição esta agravada pela companhia agressiva do advérbio *só* na terceira e última reiteração. Em tese, *o perfeito equilíbrio* da definição seria contemplado com o modesto "fora daí, insânia". O leitor imagina com facilidade o olhar fixo do Dr. Bacamarte e a exaltação crescente do tom de voz enquanto expõe a nova teoria.

Em breve, o sentido oculto da ideia vem à tona: para o alienista de Itaguaí, louco é todo aquele que não é espelho do próprio médico. Qualquer diferença é suficiente para o alienista decretar a insanidade do outro: algum tipo de monomania. O corolário dessa lei de ferro não pode ser diferente: num dado momento, o Dr. Bacamarte condena toda a população de Itaguaí a uma temporada involuntária no inferno do manicômio especialmente criado para abrigar os hóspedes de sua obsessão: a temida Casa Verde.

(Mas não se esqueça: no final da novela, o único residente da Casa Verde é o alienista.)

Pois agora, Dr. Pangloss de ponta-cabeça, imagine-se o pior dos cenários: um país presidido por Ricardo III, cujos assessores, Bacamartes da guerra cultural, quase

---

[6] ASSIS, Machado de. *O alienista, op. cit.*, p. 261.

transformaram o Brasil numa imensa Casa Verde – a Casa Verde-Brasil.

Nesse caso, o que pode um professor de Literatura?

Um projeto

Uma resposta possível: escrever como uma tentativa de compreensão dos impasses contemporâneos. Este livro é o primeiro de uma trilogia que busca propor hipóteses que talvez ajudem a atravessar a *selva selvagem* na qual nos encontramos. Dois outros estão a caminho: *Retórica do ódio: a pedagogia da desumanização do outro* será o próximo; o último, *Dissonância cognitiva coletiva: midiosfera extremista e metaverso*.

***

A democracia brasileira, instável desde suas origens, com o avanço da extrema direita revelou-se *frágil como um vidro, como um beijo de novela*.

Por quê?

Por que o avanço da extrema direita foi tão avassalador no Brasil? Como se enraizou tão profunda e rapidamente em todas as classes sociais? De que modo encontrou seu ponto de fuga numa figura da desestatura de Jair Messias Bolsonaro?

Não há resposta fácil, pois essas perguntas resumem o que há de mais sombrio na formação social brasileira.

Passo a passo – portanto.

(Mas, nesse caso, serão três passos.)

INTRODUÇÃO
No meio do redemoinho: a Esfinge-desafio

> *Pois não é? Só quando se tem rio fundo, ou cava de buraco, é que a gente por riba põe ponte.*
>
> Guimarães Rosa

Guerra cultural: a despolitização da *pólis*

Em janeiro 2021, ao publicar *Guerra cultural e retórica do ódio*, buscava transitar da caricatura de Jair Bolsonaro — tarefa difícil, pois o personagem convida irresistivelmente à derrisão — à caracterização do bolsonarismo — esforço nada óbvio, porque o movimento parecia limitado à dinâmica errática, porém ininterrupta e eficiente, das redes sociais.

Eis o autêntico desafio-Esfinge do mundo contemporâneo, pois o avanço transnacional da extrema direita depende diretamente da relativa incapacidade do campo progressista em entender o alcance radical das mutações provocadas pelo universo digital no mundo da política. Tal desinteligência surpreende. Em tese, a ninguém ocorreria negar os efeitos profundos da revolução digital no campo da economia ou no plano das relações pessoais. Pelo contrário, hoje vivemos mais tempo na realidade virtual dos aplicativos e, o que é mais revelador, docilmente adaptamos nosso dia a dia a essa circunstância, acelerada bastante durante a pandemia da covid-19. De igual modo, e com naturalidade crescente, realizamos a maior parte de nossas transações financeiras por meio digital e aceitamos sem resistência a criação de novos sistemas de segurança, a fim de prevenir fraudes eletrônicas – o pesadelo maior dos primórdios da *e-economy*.

(Aceitamos mesmo essa palavra, como se não fosse uma cacofonia insuportável.)

Por que será que hesitamos tanto em relação à política? Tudo se passa como se justamente a esfera deliberativa das relações sociais devesse milagrosamente permanecer alheia às transformações produzidas pela digitalização do cotidiano em todas as esferas.

O resultado dessa hesitação? O triunfo eleitoral da extrema direita, cujo instrumento decisivo é precisamente a manipulação do universo digital e mais particularmente a adoção da lógica das redes sociais, transportada sem mais para o plano da disputa política.

Nesse sentido, a guerra cultural, centrada prioritariamente na pauta dos costumes, transformou-se na mais eficaz máquina eleitoral das décadas iniciais do século XXI. E boa parte do seu êxito reside na insistência com que suas estratégias não são levadas a sério e por isso não são estudadas com o cuidado necessário.

(Refiro-me, claro, ao campo político mais do que ao universo acadêmico.)

A guerra cultural é uma matriz de produção em série de narrativas polarizadoras cuja radicalização crescente engendra sem trégua inimigos imaginários, mantendo a militância em estado permanente de excitação. Sua força consiste em associar a ação política à dinâmica das redes sociais, produzindo um curto-circuito no sistema político representativo por meio do engajamento típico do universo digital. O sistema representativo supõe a existência de uma série complexa de mediações entre poder e cidadania, Estado e sociedade civil. Pelo contrário, a extrema direita alicerça na ação direta seu projeto político autoritário. O objetivo da translação do engajamento digital para a esfera pública é a despolitização da *pólis*, desordenando por completo o tabuleiro da política, e um possível xeque-mate na pretensão fundamentalista da extrema direita exige arrumar as peças como primeiro lance da partida.

(Você se recorda: o tabuleiro de xadrez tem 64 casas, que acolhem 32 peças.)

Eis o paradoxo: a guerra cultural recusa decididamente a política representativa, mas, ao mesmo tempo, torna o ato político a razão de ser do dia a dia da militância conectada o tempo todo em múltiplos grupos de WhatsApp, em diversos aplicativos e numa miríade de canais do YouTube.

Há mais.

O engajamento fomentado pela extrema direita, radical no tocante à intensidade e radicalizador no que se refere ao conteúdo, reduz a política à imagem do indivíduo, já que o social é visto como uma fantasmagoria "comunista" – uma pedra no meio do caminho do empreendedorismo. A pauta dos costumes é o instrumento próprio para a despolitização da *pólis* através da substituição do debate de questões estruturais pela imposição de um falso moralismo, cuja dicção maniqueísta favorece a produção contínua de narrativas polarizadoras e a identificação do novo inimigo da próxima semana.

A escalada aos extremos da radicalização ideológica,[1] sem a qual a guerra cultural perde seu combustível, possui pelo menos em gérmen o desdobramento do bolsonarismo no cenário brasileiro: *da guerra cultural ao terrorismo doméstico.*

Em 2018, o êxito eleitoral de Bolsonaro dependeu, e muito, do emprego dos artifícios da guerra cultural, aí incluída a fragmentação política da cidadania alcançada pelo microdirecionamento digital da campanha.[2] A intensidade do engajamento cotidiano de milhões de fiéis

---

[1] Conceito formulado por René Girard em *Rematar Clausewitz: Além* Da Guerra: *Diálogos com Benoît Chantre.* Tradução de Pedro Sette-Câmara. São Paulo: É Realizações, 2011. O conceito se refere à explosão de violência ocasionada pela escalada crescente de rivalidade mimética. No segundo e terceiro volumes desta trilogia retornarei ao conceito, fundamental para entender o mundo bélico das redes sociais e o impasse contemporâneo das democracias representativas.

[2] Patrícia Campos Mello destacou esse aspecto em *A máquina do ódio*: *notas de uma repórter sobre fake news e violência digital* (São Paulo: Companhia das Letras, 2020).

seguidores materializou-se numa metamorfose surpreendente, embora não totalmente imprevisível.

A finitude se apresenta: política como religião

Em 2018, o bolsonarismo lançou mão, sem parcimônia alguma, das "*inductions dangerous, drunken prophecies, libels and dreams*", tomando ao pé da letra a lição de Ricardo III, e com o mesmo objetivo, qual seja, "*to set [...] deadly hate*"[3] – no caso, entre a sociedade brasileira e qualquer coisa que evocasse o monstro-fantasma do comunismo, da esquerda, em suma, do petismo. A guerra cultural somente triunfa ao personalizar as causas dos processos históricos, isto é, ao concretizar o falso moralismo da pauta de costumes em indivíduos que passam a canalizar a violência gerada pela radicalização ideológica, tornando-se alvos de perseguição marcada pelo ódio e mesmo pelo desejo de eliminação física do outro.

(Você leu meu pensamento: o ódio alimentado contra o então ex-presidente Lula foi a condição necessária para o triunfo de Bolsonaro.)

"Kit gay" (inexistente), "mamadeira erótica" (imaginária), "ideologia de gênero" (forjada), "ameaça comunista"

---

[3] Na "Nota de Apresentação" encontram-se as referências bibliográficas da peça de William Shakespeare, *Richard III*, e da tradução de Carlos Alberto Nunes. Os versos foram assim traduzidos: "conjuras, arriscadas, / insinuações, insanas profecias, / pasquins e invencionices, mortal ódio".

(risível) – enfim, o arsenal de narrativas polarizadoras, difundidas num alcance e numa celeridade inéditos na política brasileira, fabricou o fenômeno-produto Bolsonaro, que, em 2018, criou um autêntico tsunami eleitoral, o mais impressionante da história da Nova República, iniciada com a redemocratização em 1985. Nesse momento, guerra cultural significava a produção industrial de *fake news* e de teorias conspiratórias com a finalidade de obter ganho político imediato. Daí o cinismo programático da indústria de desinformação, pois, uma vez ganha a eleição, quem se importará com a revelação tautológica da falsidade de uma determinada *fake news*? E como a justiça eleitoral, não só no Brasil, continua sendo majoritariamente analógica, o crime digital, pelo menos até agora, quase sempre compensa. 2018 é a prova incontestável dessa encruzilhada, que veio para ficar – não sejamos ingênuos.

A analogia se impõe: as *fake news* desempenham no sistema eleitoral efeitos muito similares aos produzidos pelas fraudes eletrônicas nos primórdios da economia digital. Sem adotar uma regulação nova e adaptada às vicissitudes da política na era digital, as democracias, como as concebemos no mundo contemporâneo, certamente serão substituídas pelo modelo autoritário da extrema direita – e isso, em escala planetária, *já está ocorrendo aqui e ali*.

(No Brasil, tudo esteve por um triz: a reeleição de Bolsonaro representaria o fim da democracia entre nós.)

Contudo, precisamos evitar um equívoco tentador. O bolsonarismo não permaneceu o mesmo desde sua emergência. O potencial de fanatismo presente desde sua origem explodiu com a emergência da pandemia da covid-19.

***

Em *Guerra cultural e retórica do ódio* apresentei uma hipótese, que reformulo e amplio neste livro.

Bolsonaro principiou sua trajetória rumo ao Planalto em fevereiro de 2011, ao se candidatar à Presidência da Câmara. Recebeu inexpressivos 9 votos, mas, pela primeira vez numa arena de repercussão nacional, associou seu velho casaco de capitão anticomunista à pauta de costumes, iniciando um flerte com a bancada evangélica do Congresso que, em 2018, resultou em casamento com comunhão total de bens (públicos). Nesse entretempo, a oposição feroz de Bolsonaro à Comissão Nacional da Verdade e suas declarações crescentemente histéricas e violentas contra a presidente Dilma Rousseff pavimentaram o caminho que lhe abriu as portas da Academia Militar das Agulhas Negras (AMAN), em 29 de novembro de 2014, momento no qual anunciou seu propósito de concorrer à Presidência da República em 2018. Por fim, a campanha do capitão conseguiu a façanha, quase um milagre de prestidigitação: vendido como o único político antissistêmico, a franquia-Bolsonaro foi a grande beneficiária das manifestações iniciadas em 2013 e que culminaram no afastamento da presidente Dilma Rousseff em 2016.

(7 anos em um só parágrafo: você perdoará as elipses – tenho certeza.)

***

Um passo atrás.

O negacionismo é o sal da terra para a extrema direita porque fornece o ponto de partida para as mais diversas e excêntricas teorias conspiratórias, essa bricolagem perversa, urdida pela reunião muito bem pensada de falsidade e desinformação.[4] No entanto, o limite do projeto político lastreado na guerra cultural é o enfrentamento de dados concretos, objetivos. As mais duras derrotas da extrema direita transnacional encontram sua explicação mais plausível na única realidade corpórea comum a todos os quase 8 bilhões de habitantes do planeta: a *finitude*. Em termos menos filosóficos, a *morte*. Compreenda-se bem o que se diz: não se trata da morte enquanto destino último e inescapável – partida de xadrez que nunca poderemos vencer –, não se trata do *memento mori* dos clássicos ou do ser-para-a-morte heideggeriano. Aqui, vivenciamos a crônica da morte não anunciada de familiares, amigos, vizinhos, conhecidos e, sobretudo, de uma legião inquietante de anônimos.

Donald Trump e Jair Messias Bolsonaro muito provavelmente teriam sido reeleitos se não tivessem sucumbido à armadilha da guerra cultural: o ânimo bélico que, no

---

[4] "O negacionismo científico é, de certa forma, o pai de todos os negacionismos. Trata-se de um movimento bem financiado e organizado em torno de um projeto de poder" (ROQUE, Tatiana. Negacionismos. In: ROCHA, João Cezar de Castro (Org.). *Tudo por um triz: civilização ou barbárie*. Curitiba: Kotter, 2022, v. II, p. 201).

entanto, os levou ao poder. No fundo, políticos de extrema direita são reféns do ódio que suas palavras despertam. Nessa escalada insensata de violência simbólica, comportam-se como náufragos de areia movediça; porém, se reduzirem a agitação permanente, a militância, viciada na adrenalina política por eles gerada, buscará novos líderes ainda mais truculentos e raivosos.

(Não será difícil encontrar tais "líderes".)

Não fomos, ainda, capazes de arquitetar o xeque-mate salvador contra a extrema direita transnacional, porém Trump e Bolsonaro se colocaram numa posição de Zugzwang, na verdade, num impossível "auto-Zugzwang" – e o melhor de tudo é que nem sequer desconfiam do que estou falando!

(Já você, tenho certeza, recorda que Zugzwang é uma posição excepcional no jogo de xadrez, na qual se deixa o adversário, independentemente do lance que ele faça, totalmente perdido.)

A desumanidade oportunista de Trump, inicialmente negando as proporções da pandemia, recomendando tratamentos não somente ineficazes como também perigosos, fomentando o ódio e a sinofobia – esse conjunto de ações insensatas, inconcebíveis num estadista, selou sua derrota em novembro de 2020, ainda que Trump tenha tentado voltar atrás, a fim de reconciliar-se com o mais elementar princípio de realidade.

(Mas foi muito pouco e muito tarde – ainda bem!)

O caso de Bolsonaro é muito pior. A condução da política pública de saúde tem claros indícios de crime e de corrupção. Ele decidiu encarnar o negacionismo mais tosco e brutal, polarizou o campo político com uma radicalidade nunca vista, negou as estatísticas do número alarmante de mortos – chegamos a pouco mais de 700 mil vítimas da pandemia no Brasil –, promoveu aglomerações e desencorajou tanto o uso de máscaras quanto a aplicação de vacinas. O mais premiado roteirista de filmes de terror não seria capaz de concentrar tanta vileza num único personagem: seria inverossímil, o público rejeitaria a intriga por ser improvável, excessivamente maniqueísta.

No entanto, a verdade objetiva (*não sei se dura ou caroável*[5]) é que mesmo assim Bolsonaro obteve 58 milhões de votos no dia 30 de outubro de 2022. Votação impressionante, especialmente após os quatro anos da arquitetura da destruição implantada por um projeto político autoritário e de recorte fundamentalista. Fenômeno similar ocorreu na eleição de 2020, nos Estados Unidos: Trump foi derrotado, mas contou com o apoio de nada menos do que 74 milhões de estadunidenses.

Como entender a Esfinge que mesmo decifrada segue assombrando a *pólis*? Tirésias algum virá em nosso socorro?

---

[5] Você já reconheceu, mas não custa lembrar: aproprio-me do verso do poema "Consoada", de Manuel Bandeira: "Quando a Indesejada das gentes chegar / (Não sei se dura ou caroável), / Talvez eu tenha medo,".

Ofereço uma hipótese: seduzida pela guerra cultural, porém cara a cara com a finitude, desafiada pelo gesto absurdo, desumano de seus líderes, a militância – pelo menos sua parcela mais radicalizada – atravessou o Rubicão e adotou o comportamento fanático típico das seitas religiosas.

Metamorfose ambulante: terrorismo doméstico

É exatamente o que proponho: o entendimento das características atuais do trumpismo e do bolsonarismo evocam o universo mental de grupos fanatizados. A guerra cultural notabilizou-se pela produção em série, profissional até, de disputas narrativas cuja polarização crescente se traduz em ganhos políticos imediatos. Em eleições disputadas voto a voto, uma narrativa bem-sucedida pode definir o resultado de uma votação acirrada. Contudo, a brutalidade do desprezo de Trump e de Bolsonaro pelo bem-estar de compatriotas levou a um impasse de difícil resolução. Como seguir disputando narrativas com a paixão de torcidas organizadas quando o que está em jogo é a Vida? Como transformar a Morte num meme divertido? Como propagar *fake news* de caixões enterrados com pedras e ainda assim olhar-se no espelho todas as manhãs? Como defender um político cuja falta completa de empatia com o luto alheio ameaça caracterizá-lo como um tipo clássico de psicopata? Ao fim e ao cabo, o líder já foi eleito: o ganho político imediato não mais justifica a difusão deliberada de narrativas evidentemente forjadas.

E agora?

("Perguntas sem resposta" é o título de um poema de Machado de Assis.)

Um novo paradoxo entra em cena.

(Identificar os paradoxos que alimentam a máquina discursiva da extrema direita é o xeque-mate que perseguimos.)

Ora, se a religião oferece uma reflexão tanto teológica quanto existencial sobre a finitude, como lidar com sua negação, no mínimo com uma relativização incompreensível do luto do outro?

(No Brasil, empresários defenderam o pronto retorno às atividades econômicas, já que, em seus cálculos indefensáveis, "apenas" uns "poucos" milhares morreriam em decorrência da covid-19. Claro, esses "homens bons" nunca se incluíram entre as vítimas potenciais, tampouco seus familiares e amigos.)

De um lado, há os que simplesmente abandonaram as trincheiras da guerra cultural: o descaso de Trump e de Bolsonaro com a Vida se converteu em antídoto, e o veneno do ódio foi sendo paulatinamente expurgado. Os resultados das eleições em 2020, nos Estados Unidos, e em 2022, no Brasil, confirma a intuição.

De outro lado, porém, um número expressivo de soldados do éter e de guerrilheiros das redes sociais optou pela radicalização final, propriamente apocalíptica: o trumpismo e o bolsonarismo converteram-se em seitas seculares.

As consequências foram (e ainda são) tremendas.

Não basta mais disputar narrativas acerca da origem da pandemia ou contestar o número de mortes. É preciso empanturrar-se de cloroquina, hóstia herética ostensivamente propagada por Bolsonaro. É necessário tomar doses cavalares de ivermectina, como se não houvesse amanhã ou sistema hepático. É obrigatório participar de aglomerações, naturalmente sem máscara. É, sobretudo, recomendável usá-la de maneira deliberadamente equivocada ou lançar mão de artifícios infantis para driblar o seu uso: uma garrafa interminável de água ou um inocente sorvete, mas – qual a dúvida? – somente se servir para divulgar a rebeldia nas redes sociais e, assim, monetizar o gesto.

(Espere um pouco; trato da monetização do ódio no próximo tópico.)

Em São Leopoldo, no interior do Rio Grande do Sul, no dia 26 de março de 2021, uma cena pode ser entendida como o rito de passagem, assustador, da *guerra cultural* à *política enquanto seita religiosa*. Um grupo de apoiadores do então presidente Bolsonaro perfilou-se com a seriedade de um Simão Bacamarte diante de uma caixa gigantesca de cloroquina. Contritos, cantaram a plenos pulmões o Hino Nacional. O famigerado "kit gay" nunca existiu, já o criminoso "kit covid" foi distribuído pelo governo em tenebrosas transações que ainda devem ser investigadas.

(Em breve, quando no dia 30 de outubro de 2022 a profecia da reeleição falhou, outros tantos fanatizados rezarão para um modestíssimo pneu murcho, abandonado com razão no meio da estrada, e apelarão crédulos para alienígenas, que se esquecerão de responder ao chamado inconveniente.)

Atravessado o Rubicão do mais elementar princípio da realidade, aceitar a derrota eleitoral deixou de ser uma opção. As condições objetivas para a eclosão de terrorismo doméstico estavam dadas na escalada da radicalização subjetiva. Ao mesmo tempo, o irresponsável e, no fundo, criminoso negacionismo eleitoral de Trump e de Bolsonaro foi a *gota d'água num pote até aqui de mágoa*, retórica do ódio e dissonância cognitiva coletiva. A tensão acumulada em meses de ataques à justiça eleitoral, ao resultado das urnas e ao "sistema" ou ao "mecanismo" – outro espectro sem o qual a extrema direita não fica de pé – levou os guerreiros de PlayStation ao gesto mais temerário: a tentativa de golpe de Estado: em 6 de janeiro de 2020 nos Estados Unidos, e em 8 de janeiro de 2023 no Brasil.

Outra vez, o caso brasileiro é muito mais grave. A invasão do Capitólio pretendia impedir a diplomação dos membros do Colégio Eleitoral – trâmite protocolar que conformaria a vitória de Joe Biden. Mas o presidente derrotado *ainda estava no poder*. A data equivalente no cenário brasileiro seria o 12 de dezembro de 2022, dia da diplomação do presidente e do vice-presidente eleitos no segundo turno de 30 de outubro de 2022.

Já no 8 de janeiro de 2023, o presidente Luiz Inácio Lula da Silva completava *sua primeira semana no exercício do cargo!* Ademais, os terroristas não se limitaram à invasão da sede do Poder Legislativo, como nos Estados Unidos, mas tomaram de assalto e destruíram a sede dos Três Poderes – Legislativo, Executivo e Judiciário.

(Já nos demos conta de que, pelo menos simbolicamente, o golpe de Estado triunfou por um longo par de horas?)

Nas duas tentativas de usurpação do poder, a estadunidense e a brasileira, terroristas de todas as idades e extratos sociais transmitiram, em suas redes sociais e em canais do YouTube, os crimes graves que cometiam com a mesma segurança com que difundem discursos de ódio e propagam *fake news* e teorias conspiratórias, protegidos ou pelo anonimato ou pela distância física assegurada pelas telas de seus celulares e computadores.

Como entender um tal nível de descolamento da realidade?

Retórica do ódio e dissonância cognitiva coletiva

As pontas se atam.

(Bento Santiago não teve a mesma fortuna.)

Há um princípio básico do Direito moderno: ninguém é obrigado a produzir provas contra si próprio. Por isso, o réu tem a prerrogativa de não responder a determinadas perguntas se as respostas contribuírem para sua condenação. Nos ataques terroristas em Washington e em Brasília, pelo contrário e voluntariamente, os militantes tornados fanáticos pela radicalização ideológica promovida por Donald Trump e Jair Bolsonaro – os verdadeiros responsáveis intelectuais pela eclosão desse tipo de terrorismo doméstico – fizeram questão de ostentar suas ações como se não tivessem plena consciência da dimensão de seus crimes, ou, o que é ainda pior, como se estivessem convencidos do triunfo da iniciativa golpista e, no futuro Estado autoritário, seriam tratados como heróis.

(Roland Barthes recordou que, após a destruição da Comuna de Paris em 1871, muitos revolucionários foram presos e executados em função das fotografias que tiraram durante o movimento: "[...] alguns partidários da Comuna pagaram com a vida seu consentimento em posar sobre as barricadas: vencidos, foram reconhecidos pelos policiais de Thiers e quase todos fuzilados".[6])

E bem, qualquer *que seja a solução, uma coisa fica, e é a suma das sumas, ou o resto dos restos, a saber,*[7] a fim de compreender o universo mental de uma militância radicalizada ao ponto de forjar um mundo alternativo e de se deixar levar por uma retórica do ódio que domina o dia

---

[6] BARTHES, Roland. *A câmara clara*: *notas sobre a fotografia*. Tradução de Júlio Castañon Guimarães. Rio de Janeiro: Nova Fronteira, 1980, p. 22-23.

[7] Você já reconheceu, mas não custa reforçar: aproprio-me do último capítulo de *Dom Casmurro*, "E bem, e o resto?" (Capítulo CXLVIII).

a dia de milhões de pessoas, com efeitos traumáticos em suas relações intersubjetivas, não podemos reduzir a análise a um colar de adjetivos, ainda que bem escolhidos. Não se trata de reeditar o malogrado Dr. Simão Bacamarte e atribuir monomanias as mais diversas e excêntricas a toda pessoa que não espelhe nossas próprias monomanias excêntricas e diversas.

Prefiro arriscar outra hipótese: o alcance do universo digital e sobretudo a onipresença das redes sociais no cotidiano propiciaram a emergência de um fenômeno inédito, a criação de um ambiente virtual, autêntico ecossistema de desinformação – a *midiosfera extremista*.

(No terceiro volume desta trilogia, *Dissonância cognitiva coletiva: midiosfera extremista e metaverso*, esmiuçarei o tema, mas de imediato devo pelo menos sintetizá-lo.)

No interior da midiosfera extremista, a *retórica do ódio* encontra seu habitat e conduz a uma perversa *pedagogia da desumanização do outro*, sem a qual a extrema direita não seria capaz de inventar inimigos imaginários todo o tempo – daí o pensador e pedagogo Paulo Freire ser um dos alvos favoritos do bolsonarismo. A lição freiriana, se assimilada, inviabilizaria a retórica do ódio, no mínimo, impediria sua circulação irrestrita.

(Você já antecipou o título do segundo volume desta trilogia? *Retórica do ódio: a pedagogia da desumanização do outro*.)

Midiosfera extremista é um dos conceitos que proponho para enfrentar a Esfinge contemporânea.[8] Ela consiste num sistema informacional dotado de um altíssimo nível de coerência interna e, na prática, imune a críticas ou verificações externas. Seu modo tautológico de funcionamento depende de uma estrutura particular e de um pacto nada tácito, pacto este que intimidaria o Fausto de Goethe ou o Riobaldo de Rosa.

Passo a passo — começo pela estrutura.

A midiosfera extremista é composta de cinco elementos: quatro internos e um externo. Os elementos internos formam uma grande cadeia de desinformação. São eles: as tristemente célebres correntes de WhatsApp, que em 2018 tiveram um efeito avassalador na campanha presidencial e foram usadas com maestria pelo bolsonarismo; um circuito integrado de canais do YouTube, verdadeiro centro produtor de radicalização ideológica e de criação de teorias conspiratórias; as redes sociais, que até muito recentemente eram território, por assim dizer, exclusivo da extrema direita; aplicativos, como a TV Bolsonaro no Facebook ou Mano, cujo garoto propaganda era ninguém menos do que Flávio Bolsonaro. No interior dessa midiosfera circula sem interrupção um conteúdo audiovisual preparado com base em *fake news* e teorias conspiratórias, numa escalada de violência que permitia vislumbrar as ações terroristas de 8 de janeiro.

---

[8] No artigo "Dissonância cognitiva e bolsonarismo: realidade paralela na veia", discuto as consequências da midiosfera extremista. Ver, neste livro, p. 83.

A validação desses delírios depende em boa medida do quinto elemento da midiosfera extremista. Podemos chamá-lo de "mídia amiga" do lucro fácil gerado pela monetização do radicalismo. Nos Estados Unidos, a Fox News assumiu esse papel; no Brasil, a Rádio (e TV) Jovem Pan. O efeito da "mídia amiga" na mentalidade de seita da militância fanatizada é devastador, pois, ao dar voz a apoiadores de teorias conspiratórias e ao conceder visibilidade às notícias mais delirantes, a crença dos partícipes da midiosfera extremista torna-se inabalável. Nos dois países, o procedimento se irmana: cortes de matérias da Jovem Pan e da Fox News são vertiginosamente distribuídos nos quatro elementos internos do ecossistema de desinformação.

(Não se esqueça: o avanço da extrema direita é uma empresa transnacional, inter-relacionada e com financiamentos e estratégias compartilhados.)

Se esse cenário é em si mesmo assustador, em função da intensidade do engajamento das pessoas envolvidas e da forte coesão do sistema, o elo decisivo que mantém a midiosfera extremista resistente ao mais elementar princípio de realidade é a existência de um pacto jamais rompido e cuja continuidade engendra o fenômeno da *dissonância cognitiva coletiva*.[9]

---

[9] No capítulo anteriormente mencionado e na entrevista "O Brasil é laboratório de criação de uma realidade paralela", o conceito é detalhado. Ver, neste livro, p. 151.

O pacto, diria Riobaldo, *não sobra momento*, é o tempo todo da travessia do Rubicão de Itaguaí do Dr. Simão Bacamarte, e, *de dentro do resumo*, os participantes da midiosfera extremista comprometem-se a somente se informar no seu interior, numa recusa obstinada de qualquer outra fonte de informação.

No dia 23 de maio de 2021, numa motociata realizada no Rio de Janeiro, encontramos o rito de passagem definitivo. Militantes fanatizados, que já haviam transitado da *guerra cultural* para a *política enquanto seita religiosa*, deram o passo final em direção ao *terrorismo doméstico*. O repórter da CNN Pedro Duran foi cercado enquanto trabalhava; coléricos, os bolsonaristas repetiam a ladainha contra a imprensa: "Lixo! Lixo! Lixo!". Inesperadamente, contudo, uma voz se destacou, tornando o latente da retórica do ódio em terrorismo político manifesto: "Lincha!". A princípio, uma única vez, mas muito em breve o contágio galopou e a palavra se adensou pela cumplicidade: "Lincha! Lincha! Lincha!". Os rostos se contraíram, as vozes se encresparam, os mais afoitos se aproximaram agressivamente do repórter, que, atônito, olhou para trás como se perguntasse, incrédulo: "Lincha?". Rapidamente, Pedro Duran foi resgatado por policiais militares que o conduziram para uma viatura próxima. Eis, em menos de minuto, uma síntese vertiginosa e brutal da extrema direita: do "lixo!" ao "lincha!" desenha-se a trajetória da retórica do ódio à violência física, do espírito de seita ao terrorismo doméstico.

Passado o susto, uma pergunta se impõe: qual o resultado do pacto que constitui a coluna vertebral da midiosfera extremista?

A dissonância cognitiva coletiva, ou seja, a criação de um mundo alternativo, de uma autêntica realidade paralela cujos delírios são tomados como verdade absoluta porque não mais ocorrem no plano individual, mas na arena pública, reunindo dezenas de milhões de pessoas conectadas o tempo todo por meio das redes sociais. O fenômeno é planetário, um desdobramento não planejado do alcance inédito do universo digital no dia a dia, em todas as esferas da vida. A extrema direita decifrou a Esfinge com rapidez, e, com uma sagacidade ainda maior, transferiu seu potencial para o domínio da política com o propósito nada secreto de despolitizar a *pólis*.

(Até agora foram bem-sucedidos. Contudo, também estamos decifrando a Esfinge. Mais: estamos encontrando as respostas: *tá na hora da virada, vamos dar o troco?*)

Tornada a regra do jogo, a militância obnubilada pela dissonância cognitiva coletiva só aceita a lisura do campeonato se seu time levar o caneco para casa. E vale tudo dentro das quatro linhas do tapetão – até mesmo atos de terrorismo doméstico, tratados pelas Forças Armadas com o incompreensível eufemismo "liberdade de manifestação". Aliás, uma escalada aos extremos coerente com a trajetória do militar Jair Messias Bolsonaro, que, insatisfeito com o soldo – no fundo, a franquia-Bolsonaro é um modelo de negócio especializado no desvio de recursos públicos –, planejou explodir instalações do Exército, a fim de pressionar o governo de José Sarney a conceder um aumento substancial no ganho dos militares.[10] Por sua vez, ao idear um atentado terrorista, Bolsonaro estava sendo fiel à linha dura do Exército que, opondo-se visceralmente à redemocratização iniciada no governo de Ernesto Geisel, realizou um grande número de explosões de bomba, com o objetivo de culpar a esquerda e assim endurecer o regime. A farsa chegou ao fim com o malogrado atentado do Riocentro, em 30 de abril de 1981.[11]

A escalada do terrorismo bolsonarista impressiona pela rapidez com que chegou ao extremo da violência – mesmo uma cronologia nada exaustiva choca.

Vamos lá?

30 de outubro de 2022: a Polícia Rodoviária Federal, num autêntico *terrorismo de Estado*, realiza operações criminosas de bloqueio de estradas, especialmente no Nordeste, de modo a dificultar e até mesmo impedir o acesso de eleitores da Frente Ampla às urnas.

31 de outubro de 2022: começam bloqueios violentos em estradas de todo o Brasil, com a "esperança-delírio" de provocar o presidente derrotado a lançar mão da

---

[10] O importante livro de Luiz Maklouf Carvalho, *O cadete e o capitão: a vida de Jair Bolsonaro no quartel* (São Paulo: Todavia, 2019), apresenta uma pesquisa sólida e fartamente documentada acerca da participação de Bolsonaro no planejamento do atentado terrorista. No capítulo "Macbeth dos tristes trópicos" também aludo ao episódio. Ver, neste livro, p. 73.

[11] O coronel Dickson M. Grael escreveu um livro corajoso e muito bem documentado sobre esse momento nefasto de certa ala do Exército brasileiro, *Aventura, corrupção, terrorismo: à sombra da impunidade* (Petrópolis: Vozes, 1985).

interpretação terraplanista do artigo 142 da Constituição Federal. Os bloqueios são organizados com antecedência e contam com financiamento pesado.

4 de novembro de 2022: principiam manifestações golpistas que muito rapidamente se concentram diante de quartéis, com a omissão criminosa das Forças Armadas, em geral, e do Exército, em particular. "Democraticamente", os manifestantes imploram por um pronunciamento militar que mantenha o presidente derrotado no poder.

(E a tensão somente cresce com o apoio dos generais golpistas Braga Netto, candidato derrotado à vice-presidência da República, e Augusto Heleno, que já havia auxiliado o general Silvio Frota em sua tentativa de usurpação do poder em outubro de 1977.)

12 de dezembro de 2022: desesperados com a diplomação de Lula e de Geraldo Alckmin, militantes fanatizados, em profunda dissonância cognitiva coletiva, ultrapassam o derradeiro portal e se tornam *terroristas domésticos*. Tentam invadir a sede da Polícia Federal e queimam carros e ônibus.

(A Polícia Militar do Distrito Federal não coíbe as ações de terrorismo doméstico, tampouco realiza prisões, apesar da destruição causada pelos terroristas.)

24 de dezembro de 2022: graças à previdência do motorista de um caminhão de combustível com destino ao Aeroporto de Brasília, o "Riocentro do século XXI"

é desbaratado. O terrorista George Washington é preso, confessa o planejamento e a execução malograda do atentado; um impressionante arsenal é apreendido em seu apartamento em Brasília, e o terrorista afirma que as palavras do ainda presidente Bolsonaro nortearam sua militância.

George Washington! Roteirista algum ousaria chegar tão longe.

(Mesmo depois de uma ocorrência tão grave, raiando a loucura, o senador Ciro Nogueira insistiu em publicar em suas redes sociais um obsessivo tic-tac, sugerindo que uma ação "salvadora" estaria na iminência de acontecer, insuflando ainda mais a militância. Influenciadores extremistas como Paulo Figueiredo e Rodrigo Constantino abertamente pediram a decretação de uma "Garantia da Lei e da Ordem" (GLO), a fim de evitar a posse do presidente democraticamente eleito. São todos corresponsáveis pelo delírio coletivo que dominou a militância fanatizada entre 30 de outubro de 2022 e 8 de janeiro de 2023.)

8 de janeiro de 2023: terroristas invadem e depredam a sede dos Três Poderes. Tomam de assalto o Legislativo, o Executivo e o Judiciário, demonstrando especial ódio a este último. Do ponto de vista simbólico, durante algumas horas são vitoriosos.

***

O desafio que temos pela frente é o maior jamais enfrentado pela democracia brasileira. Tudo esteve por um triz, e Bolsonaro quase cumpriu seu ideal, transformando o Brasil numa imensa Hungria. A trilogia que inicio com este volume pretende dar conta dessa circunstância.

Contudo, antes de concluir, faço uma observação necessária, que desenvolverei com cuidado nos dois próximos livros.

(Espero que você não tenha se assustado.)

A retórica do ódio, além de uma iníqua pedagogia de desumanização do outro, é um modelo exitoso de negócio, uma forma de conquistar visibilidade num mercado de disputa feroz pelo mínimo da atenção alheia. A radicalização do discurso obedece à mesma dinâmica, assegurando curtidas e reencaminhamentos em função da agressividade crescente do emissor. Uma das principais razões do êxito eleitoral da extrema direita nas décadas iniciais do século XXI consiste em haver tornado a atividade política, pelo menos parcialmente, uma modalidade de economia digital.

O desafio que tempos pela frente, portanto, não é trivial. Mas isso não quer dizer que a vitória seja uma utopia. Afinal, em novembro de 2020, Donald Trump foi derrotado; em outubro de 2022, apesar do terrorismo de Estado, Jair Bolsonaro tornou-se o primeiro presidente da Nova República a perder uma tentativa de reeleição.

(*For the times they are a-changin'* – disse o poeta. E Bob Dylan completou: *the line it is drawn*. Daqui não podem mais passar.)[12]

---

[12] "Os tempos estão mudando" e "A linha está traçada"; versos da canção "Os tempos estão mudando" (DYLAN, Bob. *Letras*. 1961-1974.

Este livro

As circunstâncias de escrita e de fala de *Bolsonarismo: da guerra cultural ao terrorismo doméstico* parecem feitas sob medida para o tema abordado em seus textos e entrevistas.

(Machado de Assis, antes da revolução Brás Cubas, diria, satisfeito com o fecho, "como se aquela luva tivesse sido feita para aquela mão".[13])

A origem deste livro remete a um dos alvos mais atacados pela direita transnacional: a imprensa. Livre. Independente. Crítica. Adjetivos por definição antitéticos ao projeto de poder político autoritário por meio da despolitização da *pólis*. Pelo contrário, o processo de formulação das hipóteses que acabei de sintetizar nesta introdução ocorreu em praça pública, na ágora tanto física quanto digital, numa miríade de *lives*, num conjunto significativo de entrevistas, num punhado de artigos especialmente feitos para a grande imprensa. Em mais de uma ocasião, coloquei em cena o princípio exposto por Heinrich von Kleist: "Acredito que todo bom orador, no momento em que abre a boca, ainda

---

Tradução de Caetano Galindo. São Paulo: Companhia das Letras, 2017, v. 1, p. 165).

[13] Palavras finais do romance de 1874 (ASSIS, Machado de. *A mão e a luva*. In: *Obra completa*. Rio de Janeiro: Nova Aguilar, 1986, v. 1, p. 270). Pois é: Machado de Assis ainda acreditava em chave de ouro para concluir seus romances.

não sabe o que dizer".[14] Fala que desde sempre também se deseja escuta: portanto, além de escrito, e sobretudo reescrito, este livro, como o cinema de Caetano Veloso, é um *livro falado*.

Na verdade, no princípio de tudo, foi mesmo o verbo. Numa longa entrevista concedida ao jornalista Augusto Diniz, publicada no *Jornal Opção* em março de 2020, apresentei pela primeira vez a estrutura completa do entendimento do bolsonarismo enquanto guerra cultural. De igual modo, em duas entrevistas dadas a Bertha Maakaroun para *O Estado de Minas* em outubro e novembro de 2022, afiei a intuição relativa à transformação da guerra cultural em forma de vida, isto é, tratei da emergência de um perigoso *éthos* de seita religiosa, cujo corolário conduz à dissonância cognitiva coletiva. Aliás, se não confundo as datas, foi em junho de 2022, no programa *Segunda Chamada*, do canal MyNews, que articulei a ideia da dissonância cognitiva coletiva associada ao surgimento da midiosfera extremista.[15] *Bolsonarismo: da guerra cultural ao terrorismo doméstico* reúne entrevistas e artigos saídos na imprensa, o que poderia resultar em repetições deselegantes. Por isso, trechos de entrevistas e de artigos

---

[14] KLEIST, Heinrich von. A elaboração gradual das ideias ao falar. In: *A Marquesa d'O e outras estórias*. Tradução de Cláudia Cavalcanti. Rio de Janeiro: Imago, 1992, p. 230.

[15] Programa conduzido por Antonio Tabet e que foi ao ar no dia 20 de junho de 2022. Nele, dialogamos com Reinaldo Azevedo e Nayara Felizardo. Em *Guerra cultural e retórica do ódio* (2021) lancei mão do conceito de dissonância cognitiva, mas ainda sem o alcance que agora proponho.

foram suprimidos, a fim de evitar redundâncias excessivas. O mais importante: todos os capítulos conheceram inúmeras revisões, a fim de assegurar a unidade do livro, cujo período inicial de elaboração remonta ao primeiro semestre de 2020. De igual modo, alguns textos são aqui publicados pela primeira vez, pois as reflexões acerca do avanço transnacional da extrema direita tornam-se a cada dia mais urgentes.

Este livro não teria sido possível sem o exercício da *ética do diálogo*, que se opõe à *retórica do ódio* na exata proporção em que acolhe a diferença como forma única de enriquecer nossa visão de mundo. Em lugar de ver no outro um inimigo a ser eliminado, a *ética do diálogo* coloca em cena o princípio descortinado por Machado de Assis nas palavras finais do conto de 1875, "A chinela turca":

> Um bom negócio e uma grave lição: provaste-me ainda uma vez que o melhor drama está no espectador e não no palco.[16]

---

[16] ASSIS, Machado de. A chinela turca. In: *Obra completa*. Rio de Janeiro: Nova Aguilar, 1986, v. II, p. 303.

ARTIGOS

Guerra cultural e acefalia: o ressentimento como forma[1]

No dia 16 de janeiro de 2020, o ex-secretário da Cultura, Roberto Alvim, anunciou o Prêmio Nacional de Artes, a fim de apoiar diversas manifestações artísticas com uma dotação orçamentária de 20,5 milhões de reais. Em tese, nada a objetar; muito pelo contrário.

Porém, em seu discurso kamikaze, o ex-diretor de teatro não somente parafraseou um texto de Joseph Goebbels como também lançou mão de uma estética claramente associada à propaganda nazista: uma música de Richard Wagner ao fundo, uma impostação de voz que parecia involuntariamente saída de um número cômico, e olhares e esgares dignos de um canastrão talentoso emulando Jack Nicholson em *O iluminado*, de Stanley Kubrick.

Melhor não falar muito do conteúdo constrangedor das ideias do ex-cruzado bolsonarista. Mas eis um pequeno e assustador exemplo: "A arte brasileira da próxima década será heroica e será nacional [...] ou então não será nada". Ironicamente, o ultranacionalismo tropical se baseia no "Discurso sobre o teatro", proferido por Goebbels em 1933.

---

[1] *Público*, 22 jan. 2020.

Em menos de 24 horas, em virtude da repercussão do episódio, um relutante presidente demitiu um de seus mais leais seguidores. Ao que tudo indica, Bolsonaro desejava preservá-lo em seu cargo. Nesse caso, mais importante do que a inevitável demissão é o enfrentamento da pergunta decisiva: como é possível que alguém com as inclinações do ex-secretário tenha chegado tão longe?

A resposta aponta para uma inédita guerra cultural no cenário brasileiro, levada adiante com insensato entusiasmo pelo governo de Jair Messias Bolsonaro. Para as artes e as universidades, seu governo é o próprio apocalipse.

A guerra cultural bolsonarista depende de uma intepretação profundamente equivocada da história política brasileira, equívoco este agravado por uma analogia delirante que, por sua vez, ameaça as instituições culturais e as universidades com uma virulência que não encontra paralelo nem mesmo durante a ditadura civil-militar, iniciada com o golpe de 31 de março de 1964. A maneira mais econômica de surpreender a inanidade intelectual da cruzada bolsonarista consiste em analisar o documentário *1964: o Brasil entre armas e livros*, lançado em 2019.

Trata-se de documentário revisionista realizado por uma produtora cujo nome é um retrato involuntário do atual governo: Brasil Paralelo. É importante, contudo, reconhecer o alcance incomum de sua conservadora narrativa da história nacional. A produtora atingiu, até janeiro de 2020, nada menos do que vinte milhões de espectadores.

O eixo narrativo do filme fornece a base teórica da guerra cultural bolsonarista. Destaque-se o subtítulo; ele vale por uma síntese de todo o projeto. Eis: em 1964, os militares tomaram o poder pelas *armas*, vencendo uma batalha decisiva, mas perderam a guerra ao descuidar dos *livros*, isto é, ao deixar de impor sua visão de mundo no universo da cultura. Tudo se passa como se um obscuro acordo tivesse sido firmado entre os militares e a "esquerda" – na ideologia bolsonarista, ela é a encarnação do Mal sem banalidade alguma. Numa enigmática "distensão", a esquerda abriu mão de disputar o poder após o fracasso da resistência armada, e, em troca, os generosos generais da ditadura entregaram à esquerda a cultura e especialmente as universidades.

Essa interpretação é tão absurda que beira o grotesco. Dois ou três *fatos* bastam para refutá-la.

Menos de dez dias depois do golpe de Estado, os militares promulgaram o primeiro dos Atos Institucionais que violentaram o que restava da ordem jurídica nacional. No dia 9 de abril de 1964, no que se refere à educação pública, o AI-1, além de suspender as primeiras semanas de aula, desencadeou a "Operação Limpeza" – denominação sutil dada pelos oficiais do regime –, cuja finalidade era "expurgar" as universidades públicas de "elementos esquerdistas". Reitores e professores foram cassados e tiveram seus direitos políticos revogados. Aliás, no dia 1 de abril, a União Nacional dos Estudantes (UNE) já tinha sido incendiada e reduzida a cinzas. No mesmo 9 de abril, a Universidade de Brasília (UnB) sofreu a primeira de duas invasões militares. Em 9 de novembro do mesmo ano, um acuado Congresso Nacional aprovou a Lei Suplicy, extinguindo a UNE e todas as outras inúmeras entidades estudantis.

Na esteira do AI-5, promulgado no dia 13 de dezembro de 1968, o mais infame dos atos "jurídicos" da ditadura, que, ao abolir o direito ao *habeas corpus*, na prática liberou a tortura como política de Estado, editou-se em 26 de fevereiro de 1969 o draconiano Decreto-Lei 477, que permitia "legalmente" demitir professores e expulsar alunos. Como se não bastasse, o Ato Complementar n° 75, de outubro do mesmo ano, bania os professores da própria profissão! Aqueles "punidos", nos termos da lei, "ficam proibidos de exercer, a qualquer título, cargo, função, emprego ou atividades em estabelecimento de ensino".

Esses *fatos* são suficientes para mostrar que o fundamento da guerra cultural bolsonarista é uma rematada caricatura imaginada por pessoas de repertório limitado e informação wikipédica. São os autodidatas do nada, enciclopedistas do vazio, malabaristas sem trapézio.

Mas, se o *mito é o nada que é tudo*,[2] a acefalia bolsonarista tornou aquela caricatura a realidade das políticas de Estado relativas à educação e à cultura no Brasil. Finalmente entendemos por que o ex-secretário acreditou que sua patética performance passaria incólume. A guerra cultural liderada por incultos que hostilizam, dia sim e o outro também, as conjugações verbais e a ortografia da língua de Camões tem como motor uma analogia delirante, cujo corolário evoca a "solução final" nazista.

Ora, se em 1964 os militares venceram a batalha das *armas*, mas perderam a guerra dos *livros*, de igual modo a

---

[2] Você certamente se recordou, mas não custa reiterar que lanço mão do primeiro verso do poema "Ulysses", de Fernando Pessoa: "O mito é o nada que é tudo / O mesmo sol que abre os céus / É um mito brilhante e mudo – / O corpo de Deus, / Vivo e desnudo".

vitória do Messias Bolsonaro pelo *voto* demanda o triunfo na área da *cultura* – ou o sucesso eleitoral *não será nada*. Como fazê-lo? Os ideólogos do bolsonarismo não hesitam em empregar um verbo imprudente: o passo definitivo exige *eliminar* a esquerda "infiltrada" no aparelho estatal. Logo, se a ditadura alvejou indivíduos, o bolsonarismo é ainda mais radical e busca *destruir por dentro* as universidades e as instituições culturais.

Eliminar os adversários – eis a perversão que domina a mentalidade bolsonarista, disfarçada de uma guerra cultural conduzida por acéfalos e ressentidos.

***

Nos últimos anos, o cenário brasileiro conheceu mudanças significativas. A mais saliente refere-se à derrota eleitoral de Jair Messias Bolsonaro em outubro de 2022. Derrota pessoal, adicione-se, pois, se o então presidente tornou-se o primeiro ocupante do cargo a não se reeleger, o movimento nele inspirado obteve vitórias importantes em todos os níveis do Executivo e do Legislativo.

Nas casas legislativas de todo o país, com destaque para o Congresso em Brasília, as bancadas bolsonaristas caracterizam-se por um comportamento que somente não pode ser considerado irracional porque obedece a um método muito bem pensado e cujos resultados são auferidos de lacres-*likes*-lucros. Tríade que ameaça a vitalidade (talvez mesmo a viabilidade) da democracia no mundo contemporâneo. É como se a cena inverossímil de pessoas invocando auxílio de alienígenas com seus modestos aparelhos celulares tivesse sido transferida para o Congresso.

As sessões foram metamorfoseadas em ocasiões para lives, selfies e cortes. A ideia mesma de "parlamento" perde sentido diante da incapacidade de escutar o argumento do outro. A redução da política a um monótono *reality show* pretende preparar um futuro golpe de Estado pela desmoralização cotidiana do Parlamento.

Novos conceitos devem ser desenvolvidos, a fim de dar conta desse desafio.

De um lado, a *banalidade do digital*, ou seja, a submissão acrítica aos ditames da lógica do algoritmo das redes sociais; lógica essa que favorece a altercação violenta e a demonização da alteridade como formas seguras de obter visibilidade num mercado saturado de ofertas.

De outro lado, o *terrorismo legislativo*, isto é, o emprego sistemático da violência simbólica, muito embora a violência física também esteja no horizonte do provável, a fim de inviabilizar a atividade parlamentar, seja pela interrupção constante do trabalho das mais diversas comissões encarregadas de examinar e definir políticas públicas, seja pela intimidação desinibida de adversários políticos – tática especialmente empregada contra parlamentares mulheres. A misoginia constitutiva da extrema direita perdeu a vergonha de dizer o seu nome.

Decifrar a Esfinge não é garantia de paz eterna: nunca se esqueça de Édipo. Mas, se não a decifrarmos, a *pólis* seguirá sitiada. Identificar a *banalidade do digital*, que alimenta o *terrorismo legislativo*, é condição indispensável para a superação do caos cognitivo, sem o qual a extrema direita definha.

(Amanhã há de ser outro dia.)

A arquitetura da destruição: o bolsonarismo e seus descontentes[1]

> *Se não tá conseguindo falar a língua do povo, vai perder mesmo. [...] Tem uma multidão, que não tá aqui, que precisa ser conquistada. Ou a gente vai cair num precipício.*
>
> Mano Brown

O dilema

A Esfinge bolsonarista tem devorado boa parte da melhor intelectualidade brasileira, produzindo o curioso fenômeno do desentendimento inteligente. A última vítima dessa incompreensão elegante foi o cineasta e ensaísta João Moreira Salles. Em seu artigo "A morte e a morte" (publicado na edição 166 da revista *piauí*), ele encontrou *a fórmula mágica da paz* numa equação cujos ecos tanto surpreendem quanto inquietam: "Não existe bolsonarismo, apenas bolsonaristas".

Pronto! Tudo resolvido: corpos sem cabeça, pura agitação fisiológica, sem traços ideológicos que não sejam a cópia apressada de conteúdos mal assimilados. Tranquiliza-nos o ensaísta: "Bolsonarismo implicaria um conjunto coerente

---

[1] *Folha de S.Paulo*, 9 ago. 2020.

de ideias e uma visão de mundo articulada, elementos que faltam à pregação política de Bolsonaro".

Portanto, na ausência de um cérebro organizador de ideias, os corpos bolsonaristas sofrerão muito em breve o colapso provocado pelo movimento incessante que os comanda, pois não dispõem de rumo claro e muito menos de orientação definida. Se for assim mesmo, *um dia a menos ou um dia a mais, sei lá, tanto faz*, o bolsonarismo que não existe terminará por desfazer no ar os muitos bolsonaristas que insistem em se mobilizar.

Mas e se não for tão simples assim? E se o bolsonarismo, ao contrário do que gostaríamos de acreditar, não somente existir, como também tiver articulado uma visão de mundo bélica, expressa numa linguagem específica – a retórica do ódio – e codificada numa estrutura de pensamento coesa, composta por labirínticas teorias conspiratórias? Esses elementos forjaram um poderoso sistema de crenças responsável pelos míticos 30% de apoio ao presidente Bolsonaro, e que parecem resistir ao mais elementar princípio de realidade. Não importa se o político se esmera em oferecer um remédio mágico a uma atônita ema. No entanto, *foi um sinal bem triste*,[2] mas, apesar da nova sandice cometida pelo Messias Bolsonaro, o apoio ao Jair segue inabalável.

Por quanto tempo? Provavelmente o tempo que levarmos para decifrar a Esfinge e inventar uma nova

---

[2] Recorro ao verso do mestre Jackson do Pandeiro em sua canção "O canto da ema": "Foi um sinal bem triste, morena / Fiquei a imaginar / Será que é o nosso amor, morena / Que vai se acabar?".

linguagem que ilumine para a sociedade o obscurantismo do projeto bolsonarista.

O projeto

Sem arrumar todas as peças do tabuleiro de xadrez, sem considerar as complexidades do meio-jogo e, sobretudo, sem calcular cuidadosamente as inúmeras variantes dos finais de partida, como sequer imaginar o xeque-mate no adversário inesperadamente forte? De igual modo, suprimir o tabuleiro não parece uma boa estratégia. Pelo menos se pensarmos em vitória; caso contrário, *não dá, não deu, não dará de jeito nenhum*.

Vamos, pois, armar o quebra-cabeças bolsonarista? Em lugar de propor paralelos com a ascensão da direita e da extrema direita em todo o mundo, concentro meu estudo do fenômeno em traços prioritariamente brasileiros. Hora de passar da caricatura para a caracterização da lógica interna do movimento.

Em boa medida, o bolsonarismo é o resultado do encontro de três fatores, cuja inter-relação assegura a coerência e a orientação que decidimos ignorar. É bem verdade que a coerência é tão absoluta que se torna paranoica, assim como a orientação privilegia quase exclusivamente a destruição das instituições criadas pela Constituição de 1988. Porém, *cada lugar, uma lei; cada lei, uma razão*. Negar ao bolsonarismo racionalidade imobiliza nossa capacidade de reagir ao irracionalismo metódico de seus propósitos.

O primeiro elemento que define o bolsonarismo é uma insensata tradução de certo aspecto da Doutrina de

Segurança Nacional (DSN) para tempos democráticos. Trata-se de uma aberração jurídica que, por exemplo, confere inteligibilidade à vergonhosa reunião ministerial de 22 de abril de 2020.

A DSN foi desenvolvida no ambiente da Guerra Fria, e sua função era a proteção do espaço nacional por meio da obsessiva identificação do inimigo externo. Uma vez descoberto, seguia-se à aplicação criteriosa de seu corolário de ferro: *eliminação do inimigo.*

A Escola Superior de Guerra adaptou a DSN às circunstâncias da ditadura civil-militar (1964-1985), que promulgou quatro Leis de Segurança Nacional: em 1967, 1969, 1978 e 1983. Esta última, aliás, segue vigente e infelizmente tem sido utilizada com entusiasmo nos últimos meses – mas não se esqueça de sua origem espúria.[3]

Na mentalidade bolsonarista, decisivo é o Decreto-Lei de 28 de setembro de 1969, cujo espírito draconiano equivalia às arbitrariedades impostas pelo infame AI-5, como já vimos, promulgado em 13 de dezembro de 1968. Em 107 artigos, a palavra *morte* aparece 32 vezes, e nada menos do que 14 artigos prescrevem a pena de morte para crimes políticos.

Voltarei à centralidade da DSN na mentalidade bolsonarista. De imediato, destaco sua razão de ser: identificação e eliminação do inimigo. Eis o cerne da mentalidade bolsonarista.

O segundo elemento é o texto sagrado da família Bolsonaro: trata-se do Santo Graal da extrema direita nos trópicos,

---

[3] A Lei de Segurança Nacional foi finalmente revogada em setembro de 2021.

que, além de tristes, tornaram-se ressentidos e revisionistas. Refiro-me ao *Orvil*, projeto secreto, liderado pelo ministro do Exército de José Sarney, Leônidas Pires Gonçalves.[4]

"Livro" ao contrário, o *Orvil* pretendia virar de ponta-cabeça uma das mais importantes obras acerca da violência de Estado – aí incluídos a tortura, o assassinato e o desaparecimento de corpos de adversários políticos. *Brasil: nunca mais*, de fato, teve uma enorme repercussão no Brasil e no exterior, produzindo uma mancha indelével na imagem das Forças Armadas. O livro reúne relatos de vítimas da ditadura, tal como foram registrados nos processos instruídos pela Justiça Militar brasileira. As denúncias encontram-se nos *documentos oficiais* das Forças Armadas! O golpe foi profundo.

Olho por olho, livro por livro: por três anos, de 1986 a 1989, oficiais vasculharam os arquivos do Centro de Informações do Exército (CIE), temido pela capacidade de infiltrar agentes nos grupos da esquerda armada e, sobretudo, pela brutalidade de seus métodos repressivos. O resultado foi um documento de 953 páginas, cuja leitura exige dedicação beneditina para sobreviver à prosa mais insípida de que se tem notícia. Se *Brasil: nunca mais* elencou as arbitrariedades da ditadura, *Orvil* enumerou os crimes atribuídos à guerrilha. O livro-vingança nunca foi levado a sério, a não ser por um punhado de oficiais de alta patente e por militantes de extrema direita.

---

[4] Na entrevista concedida a Augusto Diniz em março de 2020, e que se encontra reproduzida na p. 101, aprofundo essa questão; ver especialmente a partir da p. 104.

Mesmo após o notável trabalho de Mário Magalhães e Lucas Figueiredo, jornalistas investigativos que revelaram a existência do *Orvil*, o documento não despertou muita curiosidade fora dos círculos da direita.[5] Contudo, ele é a Bíblia da família Bolsonaro, a verdadeira fonte de sua visão de mundo bélica. Consulte-se o subtítulo da obra para avaliar sua relevância: *tentativas de tomada do poder*. Muito mais do que uma lista caótica dos pecados do inimigo, o documento inventou uma matriz narrativa conspiratória que constitui a essência do bolsonarismo, esclarecendo a origem da *arquitetura da destruição* que define o movimento. Penso no documentário de Peter Cohen, realizado em 1989 e cujo título é surpreendentemente atual no Brasil bolsonarista.

Assim reza a lenda: desde 1922, ano de fundação do Partido Comunista do Brasil, não se passou um dia sequer sem que o movimento comunista internacional, por meio de seus representantes locais, não tenha tentado estabelecer no Brasil a ditadura do proletariado – e que rufem os tambores e soem os clarins: o Circo Bolsonarista vai começar!

As três primeiras tentativas recorreram às armas e foram derrotadas militarmente. Entretanto, nos termos do *Orvil*, a iniciativa "mais perigosa" iniciou-se em 1974, quando a esquerda realizou uma autocrítica severa e mudou

---

[5] A primeira notícia na imprensa veio em 5 de novembro de 2000, em artigo do brilhante jornalista investigativo Mário Magalhães e de Sérgio Torres: "Internet revela livro secreto do Exército" (https://bit.ly/3NXdzQ4). Lucas Figueiredo escreveu um importante livro sobre o tema: *Olho por olho: os livros secretos da ditadura* (Rio de Janeiro: Record, 2000).

de estratégia, abandonando os coturnos e abraçando os livros, a fim de conquistar corações e mentes por meio da infiltração lenta, porém segura, nas instituições do Estado e da sociedade civil. Abandona-se a ditadura do proletariado, e entra em cena o jardim da infância da contracultura.

Poderosa matriz conspiratória que não somente antecipou com exatidão os termos e os pressupostos do delírio teórico forjado por Michael Minnicino e William S. Lind, o gelatinoso marxismo cultural, como também identificou o inimigo permanente: "Nossa bandeira jamais será vermelha", e outros tantos clichês *kitsch* que remontam ao anticomunismo pau-pra-toda-obra do *Orvil*.

A mentalidade bolsonarista projeta para o presente a eterna ameaça comunista, fantasia que formou a geração do capitão reformado-para-não-ser-expulso Bolsonaro e dos generais Augusto Heleno e Hamilton Mourão.[6] Aliás, o ídolo do presidente e do vice-presidente, o coronel Carlos Alberto Brilhante Ustra, declarado torturador pelo Ministério Público Federal de São Paulo em 2014,[7] escreveu a Apresentação da versão impressa do *Orvil*, publicada em 2012.

Ora, para compreender a visão de mundo bélica e a estrutura de pensamento conspiratória do bolsonarismo basta associar os dois elementos.

A DSN exige uma concepção agônica, que busca identificar e eliminar o inimigo. O *Orvil* oferece a cereja

---

[6] Remeto ao importante livro de Luiz Maklouf Carvalho, citado na Introdução, *O cadete e o capitão: a vida de Jair Bolsonaro no quartel* (São Paulo: Todavia, 2019).

[7] A denúncia pode ser lida na íntegra: https://bit.ly/46qPUyz.

do bolo: o movimento comunista internacional está sempre à espreita, levando à identificação imediata e sempre certeira do adversário infatigável: o "perigo vermelho", metamorfoseado na era digital em malévolo "globalismo".

Contudo, como traduzir a DSN em tempos democráticos? Como eliminar adversários disfarçados de inimigos externos?

Orvil explica: se a quarta tentativa de tomada do poder, iniciada em 1974 (e ainda atuante, como prometem os comentários involuntariamente surrealistas do vereador Carlos Bolsonaro), consistiu na infiltração das instituições da cultura, da educação, do entretenimento e da imprensa, então a tarefa de governar é secundária. A missão prioritária consiste em *destruir instituições* "aparelhadas" e *corroer por dentro* as estruturas do Estado democrático.

Em apenas dezenove meses no governo, o bolsonarismo tornou-se a mais eficiente e perversa máquina de destruição de toda a história republicana, representando à democracia uma ameaça ainda mais assustadora do que os excessos da própria ditadura civil-militar.

Os bolsonaristas sabem exatamente o que estão fazendo e sem dúvida se congratulam ao escutar que o bolsonarismo não existe: é mais fácil destruir se não se reconhece sua existência. Por fim, esse ânimo forjou sua linguagem: *a retórica do ódio*.

Rumo à Estação Brasília

Definida a visão de mundo bélica, reforçada por uma estrutura de pensamento conspiratória, faltava ao bolsonarismo uma linguagem, a fim de propagar os princípios da arquitetura da destruição para além dos círculos militares e do número até então ínfimo de militantes de extrema direita.

Chegamos ao terceiro elemento que assegura coesão ao bolsonarismo: *o sistema de crenças Olavo de Carvalho*. Nos anos de 1990, Olavo de Carvalho teve uma atuação decisiva para a ascensão da direita, que perdeu a vergonha de dizer seu nome. A publicação de uma trilogia deu inédita universalidade à matriz narrativa do *Orvil*, mesclada com uma divertida pretensão filosofante e uma excêntrica análise panorâmica da civilização ocidental. Muitos encontraram nos livros *Nova Era e a Revolução Cultural* (1994), *O jardim das aflições* (1995) e *O imbecil coletivo* (1996) um idêntico impulso de eliminação do inimigo e o mesmo apego adolescente a teorias conspiratórias, agora multiplicadas na imaginação tão sem freios quanto o uso desinibido do vernáculo por parte de Olavo de Carvalho.

O ingresso nas redes sociais propiciou ao autor de *Apoteose da vigarice* (2013) o aprimoramento de estratégias discursivas cristalizadas na *retórica do ódio*, o principal fruto dos cursos ministrados por Olavo de Carvalho. Aliás, ele é igualmente responsável pela disseminação do embaraçoso *analfabetismo ideológico*, muito mais prejudicial do que o analfabetismo funcional e produtor das polarizações acéfalas que inviabilizam a discussão de ideias no espaço público brasileiro.

A retórica do ódio é a mais completa tradução das consequências plúmbeas da DSN, limitando o outro ao papel de antagonista, de inimigo a ser destruído. É o reino desencantado do vale-tudo disfarçado de filosofices: xingamentos, desqualificações, corruptelas ginasianas de nomes próprios, redução obscena da língua portuguesa a dois verbos, *ir* e *tomar*.

O analfabetismo ideológico consiste em somente ler no texto alheio as projeções de suas convicções políticas: o *Orvil* tornado uma Biblioteca de Babel de estantes vazias. Fenômeno ainda mais deletério do que a propagação de notícias falsas, ele ocorre sem que a pessoa obrigatoriamente tenha consciência: trata-se de processo similar ao de lavagem cerebral. O *bolsolavismo* é um poderoso sistema de crenças dotado de coerência interna paranoica, o que o torna praticamente imune ao princípio de realidade.

Eis a definição da guerra cultural bolsonarista, o verdadeiro centro de gravidade que permitiu a vitória eleitoral de Bolsonaro.

O paradoxo

A reunião de 22 de abril de 2020 é o autorretrato involuntário do governo enquanto *arquitetura da destruição*. Naquele dia, chegávamos ao terrível número de 2.924 mortes. Manifestou-se solidariedade aos familiares das vítimas da covid-19? Planejaram-se ações para conter a peste? Você se recorda, não é mesmo? Paulo Guedes sonhou em esconder "a granada no bolso do inimigo", isto é, na versão atualizada da DSN, o funcionalismo público; Damares Alves entrou em êxtase para "prender governadores e prefeitos"; Ricardo Salles, sem corar, sugeriu "ir passando a boiada e mudando todo o regramento". Chega:

só há náusea, flor alguma "furou o asfalto, o tédio, o nojo e o ódio"; aqui, nesse vulgar oportunismo de tragédia, é pura utopia o verso de "A flor e a náusea" de Carlos Drummond de Andrade.

Nessa circunstância dramática, é mais oportuno recordar Friedrich Hölderlin e seu poema "Patmos": "Mas onde há perigo, cresce / Também o que salva" ["*Wo aber Gefahr ist, wächst / Das Rettende auch*"].

A guerra cultural bolsonarista se alimenta de um paradoxo que prenuncia sua ruína. O êxito do bolsonarismo significa o fracasso do governo Bolsonaro. Sem guerra cultural, não se mantém as massas digitais mobilizadas em constante excitação. Contudo, a guerra cultural, pela negação de dados objetivos e pela necessidade intrínseca de inventar inimigos em série, não permite que se administre a coisa pública.

A guerra cultural é a origem e a forma da arquitetura da destruição, marca d'água do bolsonarismo, mas, por isso mesmo, será (ou já é?) a razão do fracasso rotundo do governo Bolsonaro – como infelizmente, aliás, ficou demonstrado pela omissão e pelo negacionismo diante da peste da covid-19.

Contudo, precisamos assimilar a advertência de Mano Brown. *Ou a gente vai cair num precipício.*

Pandemia e guerra cultural: uma receita para o desastre[1]

> *Você não sabe o que é caminhar com a cabeça na mira de um HK.*
> Jocenir e Mano Brown

O paradoxo bolsonarista

O fenômeno bolsonarista é condicionado por um paradoxo que tanto assegurou seu êxito eleitoral em 2018 quanto anuncia agora o colapso da gestão pública – ruína tornada tragédia na gestão negacionista da crise sanitária.

Retomo o paradoxo tratado no capítulo anterior: o êxito incontestável do bolsonarismo implica o fracasso incontornável do governo Bolsonaro. Quanto mais impactante for o triunfo da guerra cultural, tanto mais desastrosa será a administração da coisa pública.

O acerto da hipótese infelizmente se confirma na imagem de um Brasil exausto por tantas vidas perdidas, vidas que poderiam ter sido salvas se a vacinação em massa não tivesse sido sabotada pelo governo federal, que só voltou atrás em um cenário propriamente apocalíptico.

---
[1] *Folha de S.Paulo*, 28 mar. 2021.

No dia 23 de março de 2021, ultrapassamos a infame marca de mais de três mil mortes de brasileiros em apenas um dia.

(*Cada crime uma sentença?*)

O paradoxo e sua potência

No momento em que se publicar este texto, muito provavelmente teremos superado o trágico número de trezentas mil mortes provocadas pela peste da covid-19. Ao mesmo tempo, surgem novas cepas do vírus, ao que tudo indica de contágio mais célere e de letalidade mais grave. De igual modo, o sistema hospitalar, tanto público quanto privado, entra em colapso em todo o país.

(*O ser humano é descartável no Brasil?*)

No entanto, como se a situação estivesse sob controle, o novo ministro da Saúde, Marcelo Queiroga, anunciado no dia 15 de março, somente foi empossado no dia 23, em uma cerimônia discreta, que não constava da agenda oficial, como se o ato em si mesmo tivesse algo de vergonhoso.

Ou seja, por uma longuíssima semana, durante o período mais dramático da crise, o ministro demissionário, o general Eduardo Pazuello, converteu-se em uma incômoda sombra assustada, ao passo que o novo titular da pasta buscava desvencilhar-se de empenhos comerciais.

(Ninguém trabalha no Gabinete de Segurança Institucional? Não se investigou esse "pequeno" contratempo no Gabinete da Surpresa Infinita?)

Ainda assim: apesar dos tropeços não somente irresponsáveis como também criminosos no enfrentamento da pandemia, há uma faixa da população que insiste em apoiar cegamente o governo.

E a turma é eclética: senhores encanecidos fantasiados de soldadinhos de chumbo, senhoras decididas envelopadas em surradas bandeiras, guerrilheiros destemidos do éter, valentões tímidos das redes sociais e, não se esqueça, exóticos empresários tagarelas e elegantes banqueiros muito apaziguados pelo tanto que sempre lucram em qualquer circunstância. Vale dizer, enquanto as UTIs do Copa Star, do Einstein e do Sírio-Libanês estiverem devidamente reservadas para eles e os seus.

Como entender esse apoio, que implica a incomum capacidade de deixar de ver a pilha de corpos que se avoluma dia a dia?

A resposta obriga a um reconhecimento inquietante: na guerra cultural da pandemia, se a expressão for aceitável, Bolsonaro está vencendo. Triunfo, bem entendido, fabricado no circuito comunicativo paralelo do bolsonarismo.

Máquina incansável de fatos alternativos, moto-contínuo de notícias falsas, usina permanente de vídeos de impacto: parafernália disseminada em correntes multitudinárias de WhatsApp, em canais de YouTube e por meio de aplicativos como Mano, que reúne uma constelação de estações de TV e de rádio, todas gratuitas. No entanto, ao escolher qualquer programa, o usuário é literalmente assediado por caixas de diálogo, cujo conteúdo é invariavelmente favorável aos delírios bolsonaristas.

No dia 10 de março de 2021, assisti à TV Clima de Ribeirão Preto e fui recebido com uma mensagem ameaçadora, tanto do ponto vista do conteúdo quanto da forma: "Para mim é: Jesus no céu e Bolsonaro na Terra. Tamu junto". No dia 22 de março, me arrisquei na Rede Tiradentes de Manaus. Um usuário, depois de enviar incontáveis mensagens, disse a que veio: "Os governos estaduais, municipais e muitos empresários ligados a eles têm muito a explicar à Justiça, à população e, principalmente, a Deus".

Em grupos de WhatsApp, um vídeo-tsunami mostra um homem de bem celebrando sua "ressurreição" graças à milagrosa nebulização feita com um comprimido diluído de hidroxicloroquina. Em vista disso, precisamos de novas hipóteses para dar conta da complexidade da midiosfera bolsonarista.

Vamos lá: diante da evidência do fracasso do governo, a guerra cultural radicalizou seus processos. Não mais se trata de esposar teorias conspiratórias ou de papaguear narrativas polarizadoras em busca do novo inimigo de plantão. Não é mais suficiente limitar a pulsão bélica a períodos eleitorais. Pelo contrário, a guerra cultural se converte em princípio existencial. Não basta o blá-blá-blá do "STFimpediuopresidentedeagir", do "tratamentoprecoce", da "cloroquinasimvacinanão", do "Bolsonaropaidavacina".

Agora, o caos cognitivo deve ser traduzido em uma forma de vida: ostentar a cloroquina como se fosse uma hóstia profana; não usar máscaras, de preferência em manifestações a favor da intervenção militar, com Bolsonaro no poder, por óbvio; tomar overdoses de ivermectina; apressar os passos em um arremedo cômico de marcha militar; deixar de ler a "extrema imprensa" e somente se informar com a "mídia independente"; nunca assistir à "Globolixo" em detrimento dos canais confiáveis da rede de *youtubers* bolsonaristas; confirmar os delírios conspiratórios no eco que encontram em "jornalistas" e "subcelebridades" em programas da mídia tradicional.

(*Ratatatá, caviar e champanhe.*)

A guerra cultural passa a ser a própria realidade para os seus militantes. A palavra torna-se a coisa: o desastre se avizinha.

O bolsonarismo e sua tragédia

Corolário da hipótese: o governo Bolsonaro pretende desidratar o financiamento do Censo do Instituto Brasileiro de Geografia e Estatística (IBGE) em uma proporção selvagem, sem paralelo em qualquer sistema político contemporâneo: nada menos que 90% dos recursos destinados à coleta sistemática de referências sobre o país poderão ser cortados.

Metáfora acabada da guerra cultural bolsonarista, que, em sua monomania narrativa, dispensa dados objetivos – afinal, sempre há um inimigo à espreita, não é mesmo? Contudo, como desenvolver um planejamento mínimo da gestão pública sem dispor de informação confiável?

Qual o resultado palpável dessa desconsideração do mais elementar princípio de realidade que guiou todos os pronunciamentos irresponsáveis e negacionistas do presidente?

A ironia bate à porta: recordemos alguns poucos fatos para demonstrar, sem perder tempo com disputa de narrativas, que o bolsonarismo é incompatível com governança – e nem sequer penso no luxo de uma "boa governança", dada a onipresença paranoica da guerra cultural.

No dia 18 de janeiro de 2021, o general Pazuello e sua equipe de especialistas conseguiram a proeza de falhar na entrega de vacinas para dezenove estados – muitos governadores e autoridades esperaram por horas em aeroportos porque o Ministério da Saúde não foi capaz de organizar uma planilha de horários de voos! O mestre da logística confundiu-se no preenchimento de um singelo documento no Excel?

Em fevereiro, depois do inaceitável colapso do sistema hospitalar em Manaus, o Ministério da Saúde superou seu generoso histórico de equívocos tontos: 76 mil doses da vacina AstraZeneca/Oxford destinadas ao Amazonas foram enviadas para o Amapá, que deveria ter recebido apenas 2 mil doses. Uma operação de emergência foi necessária para desfazer a troca.

O ex-ministro general apresentou com voz firme e olhar perdido nada menos que quatro planos nacionais de vacinação, com datas propriamente heraclitianas e números infelizmente fictícios. Preciso acrescentar que plano algum foi implementado?

Passemos do levemente pitoresco ao erro mais obviamente criminoso? Nos dias 14 e 15 de janeiro de 2021, um cenário de terror se abateu sobre Manaus: o oxigênio acabou nos hospitais da cidade, levando muitas pessoas à morte por asfixia. Cenas chocantes e comoventes dominaram os noticiários: familiares passando dias inteiros na rua para levar para casa balões de oxigênio no esforço de salvar seus parentes.

(Mário de Andrade: "*Esse homem é brasileiro que nem eu...*".)[2]

E tudo sempre pode ficar pior no Brasil bolsonarista: 61 bebês prematuros estavam no meio desse caos. O Ministério da Saúde sabia da iminência da falta de oxigênio desde o dia 8 de janeiro. No dia 14, em Manaus, no momento mesmo do desespero, o general Pazuello lançou o aplicativo-guerra-cultural TrateCOV, programado para receitar o kit-guerra-cultural tratamento precoce.

Há mais: em agosto de 2020, o governo cancelou a compra de parte do chamado kit intubação, incluindo sedativos e relaxantes musculares, sem os quais a intubação exige que o paciente seja amarrado à cama, a fim de suportar a dor intensa provocada pelo procedimento particularmente invasivo. A simples ideia produz horror: nessas condições, intubar alguém é uma autêntica sessão de tortura...

A ação do presidente é inqualificável: sabotou a Coronavac, e, sem a vacina do Instituto Butantan, quase

---

[2] Recorro, aqui, ao comovente verso final do poema "Descobrimento", o primeiro dos "Dois poemas acreanos".

não teríamos pessoas imunizadas no país; em agosto de 2020, recusou a oferta de 70 milhões de doses da vacina Pfizer; provocou metodicamente aglomerações todo o tempo; recusou-se a usar máscara; mentiu sobre a determinação do Supremo Tribunal Federal (STF) acerca da competência de seu governo no combate à pandemia; e, no afã de inventar inimigos em série, antagonizou prefeitos e governadores.

Bolsonaro pode imaginar que, na guerra cultural, esteja triunfando. Por isso mesmo, o Brasil vive a pior tragédia de sua história. O bolsonarismo, vale repisar, é incompatível com qualquer princípio básico de governança.

Adolf Hitler

Numa mímica demoníaca, em sua live de 18 de março de 2021, Bolsonaro reproduz o desespero dos que sentem o oxigênio faltar e, emitindo um som gutural, arfa três vezes. Três vezes arfa e na última parece que ladra. Autorretrato involuntário, coincidem o guardador e a coisa guardada. No mesmo CPF, dupla identidade: Cérbero e o Hades.

(*Cadáveres no poço, no pátio interno / Adolf Hitler sorri no inferno.*)

Macbeth dos tristes trópicos[1]

La folla è mobile

Em seu *Depoimento*, Carlos Lacerda encareceu a atualidade da obra de William Shakespeare para o entendimento do cenário brasileiro:

> [...] o que tinha acontecido no Brasil era o que aconteceu no drama de Shakespeare, e não foi à toa que traduzi esse drama: *Júlio César*. A mesma multidão que aclamava Brutus e os que mataram César, quando Marco Antônio fez seu discurso com o cadáver de César nos braços, começou a pedir a morte dos que tinham assassinado César. Foi assim que passei de vítima a assassino de Vargas.[2]

Orador célebre pelo brilho, escritor bissexto e golpista por definição, Lacerda reagiu às adversidades traduzindo Shakespeare. A iniciativa se justificava pela cena mencionada: autêntico tratado de ciência política que bem

---

[1] *Folha de S.Paulo*, 19 maio 2022. A seguir, aproveito a conhecida ária "La donna è mobile", da ópera *Rigoletto*, de Giuseppe Verdi, com libreto de Francesco Maria Piave, e estreada em 1851.

[2] LACERDA, Carlos. *Depoimento*. Rio de Janeiro: Nova Fronteira, 1977, p. 149.

poderia ter por título a adaptação de uma famosa ária de *Rigoletto*, "A multidão é volúvel".

Corte abrupto: da República romana, no ano 44 antes de Cristo, passemos ao Brasil de 1954, mais precisamente no dia 24 de agosto. Depois de uma intensa campanha na imprensa orquestrada por Lacerda, Getúlio Vargas parecia não ter alternativa a não ser renunciar e deixar o poder totalmente desonrado – o verdadeiro objetivo dos conspiradores. Eis que sucedeu o inesperado: Vargas deixou os adversários em Zugzwang com um lance único, xeque-mate inevitável.

O autossacrifício de Getúlio produziu um fenômeno de contágio mimético que muito se assemelha à dinâmica da peça shakespeariana. Jornais que fizeram oposição aguerrida a Vargas foram empastelados – entre eles, claro, a *Tribuna da Imprensa*, de seu adversário-mor, Carlos Lacerda. Aliás, o tradutor de *Julius Caesar* quase foi linchado!

O problema de atiçar as massas e apostar no caos é que *la folla è mobile*: ninguém pode antecipar com segurança qual será a direção dos ventos. A não ser que se deseje semear tempestade para colher oportunidade, isto é, um golpe de Estado.

O vilão assumido

A Guerra das Duas Rosas chegou ao fim, depois de um longo inverno de trinta anos, com o triunfo da família York, que derrotou o grupo adversário dos Lancaster.

Tempos de festas e de celebrações – portanto.

Mas não para todos, se recordarmos *Ricardo III* (cito a tradução de Carlos Alberto Nunes).

O duque de Gloster, irmão do rei Eduardo IV, sente-se fora de lugar. Afinal, "antes do tempo / lançado ao mundo vivo, apenas feito / pela metade, tão monstruoso e feio", em circunstâncias tão adversas, como brilhar nos jogos amorosos? Para driblar o ostracismo social, o duque decide tornar-se rei. Para tanto, precisa destituir o monarca, levar o outro irmão, o duque de Clarence, à desgraça, e assassinar seus dois sobrinhos, herdeiros em linha direta de Eduardo IV. Nada que uma estratégia impiedosa não resolva. Eis a técnica que emprega para chegar ao poder:

> Por meio de conjuras, arriscadas
> insinuações, insanas profecias,
> pasquins e invencionices, mortal ódio
> mantenho entre o monarca e o irmão Clarence.[3]

No vocabulário das redes sociais, o duque de Gloster se converte no rei Ricardo III recorrendo a *fake news* e teorias conspiratórias! O próprio vilão esclareceu as regras do método: o emprego de "bem aceradas mentiras e argumentos poderosos", que, associados à intimidação simbólica e à violência física, conduziram-no ao trono – por pouco tempo, vale recordar.

Inseguro, dada a origem espúria de seu reinado, Ricardo III desconfiava de inimigos inexistentes e inventava tramas fantasiosas. Em suma, menos governava do que se preocupava em perpetuar-se no poder, a fim de permanecer

---

[3] Passagem citada na Apresentação: SHAKESPEARE, William. *Ricardo III*. Tradução de Carlos Alberto Nunes. Rio de Janeiro: Agir, 2008, p. 485.

impune por seus muitos crimes. Isolado, não lhe restou apoio algum; perdeu o reino e, sobretudo, seu cavalo.

Armas acima de tudo

Titus Andronicus é a peça mais controvertida do teatro shakespeariano. Por muito tempo, duvidou-se de sua autenticidade, pois se trata da peça mais violenta de Shakespeare. Há um excesso quase caricato de mortes e um tal requinte de crueldade em sua execução que os admiradores do Bardo consideraram o texto apócrifo.

Uma antológica encenação de Peter Brook, realizada em 1955, favoreceu a reavaliação da peça. Uma temporada posterior na Bulgária foi fundamental: os púcaros búlgaros ensinaram que a violência desmedida habita o cotidiano de certas residências na terra.

O caso eu conto como Brook o contou: inquieto com a encenação próxima das ações bárbaras de *Titus Andronicus*, uma notícia paralisou Sófia. Um homem foi preso e, ao ser submetido a torturas brutais, preferiu aventurar-se por uma janela convenientemente aberta. Porém, no instante da queda livre, o instinto de sobrevivência se impôs e o pobre equilibrou-se no peitoril da janela.

Êxito de bêbado equilibrista. Coerente com sua vocação, o algoz decepou suas mãos – como se fosse uma cena não escrita da peça shakespeariana.[4]

---

[4] BROOK, Peter. Baked in That Pie. Cooking Up *Titus Andronicus*. In: *The Quality of Mercy: Reflections on Shakespeare*. London: Nick Hern Books, 2013, p. 41.

O que pensaria Peter Brook de um país no qual o presidente elogia um torturador abjeto? E uma menina de 12 anos é estuprada e assassinada e uma criança de 3 anos é lançada num rio caudaloso para encontrar a morte? E em que toda uma aldeia yanomami é incendiada e seus sobreviventes desaparecem?

Tudo está dito na abertura da peça; no apelo do futuro tirano Saturnino:

> Patrícios, que defendem meu direito,
> Tomem armas pra defender-me a causa.
> Patrícios, seguidores que me amam,
> Reclamem minha sucessão co'a espada.[5]

Em um recente ato de campanha, o presidente esboçou um autorretrato involuntário: "Quero que todo cidadão de bem possua arma de fogo para resistir, se for o caso, à tentação de um ditador de plantão". O presidente de plantão almeja tornar-se ditador para, através das armas, se perpetuar no poder. Por isso, necessita calar as palavras e fingir que desconfia das urnas, da imprensa, da universidade, da cultura. Desacreditar as instituições é somente mais um passo em sua arquitetura da destruição. Abolir todas as mediações é outro modo de dizer *tirania* – palavra-chave no teatro shakespeariano.

---

[5] SHAKESPEARE, William. *Titus Andronicus*. Tradução de Barbara Heliodora. In: *Tragédias*. Rio de Janeiro: Nova Fronteira, 2021, p. 35.

O rei e o tirano

O teatro shakespeariano é essencialmente político, mas em sentido amplo, ou seja, o autor desenvolveu uma poderosa reflexão acerca da melhor forma de convívio na *pólis*. No período da rainha Elizabeth I, o gesto era corajoso, já que a monarquia inglesa estava em processo de afirmação.

No léxico do dramaturgo, o eixo da atividade política reside na oposição entre o *king* e o *tyrant*. O rei subordina suas paixões e vontades ao bem comum. Pelo contrário, o tirano aparelha o estado para atender a seus interesses e caprichos, subvertendo a ordem para proteger seus familiares e cúmplices. O rei é recompensado pela narrativa de atos justos. Já o tirano é assombrado pela memória de seus crimes. No teatro shakespeariano, ele quase nunca consegue dormir em paz: como conciliar o sono reparador com a consciência de iniquidades muitas e perversões inúmeras?

Não exagero, tampouco forço a nota. Penso em *Macbeth*.

O futuro rei da Escócia enfrenta um obstáculo grave para realizar sua maior ambição: o trono está ocupado e por um parente próximo, o rei Duncan, também conhecido como o "Bom".

Pois é!

Contudo, orientado pelas profecias ambíguas de três feiticeiras, que trazem à superfície seus desejos mais profundos, e instigado por Lady Macbeth, que era muito mais mulher do que o marido era homem, Macbeth assassina o rei Duncan, abrindo caminho para o trono, porém fechando as portas para qualquer possibilidade de autocontrole. Logo após o regicídio, Macbeth compreende a extensão da sombra que não mais o deixará: "Uma voz pareceu-me ouvir, aos gritos / de: 'Não durmais! Macbeth matou o sono!'".[6]

O remorso produziu o temor que tornou o reinado puro tremor; Macbeth revelou-se um rei instável, incapaz de governar. Ilegítimo, ele sonha com inimigos de papel, especialmente quando está com os olhos bem abertos – mas não necessariamente livres.

Sentindo-se ungido, Macbeth crê em sua invencibilidade. Porém, tudo perde quando a palavra certa – sempre ela! – acerta em cheio sua imagem, e o poder lhe escapa. Macduff, o nobre que desfere o golpe decisivo, chama as coisas pelo nome próprio: "Mostra o rosto, tirano!".[7] Queremos saber quem paga pro Brasil ficar assim: na barbárie-bolsonaro.

Uma mancha, muitas manchas

Lady Macbeth não fala em línguas, mas se perdeu de si mesma, na imensidão de seus malfeitos: "Aqui ainda há uma mancha. [...] Sai, mancha amaldiçoada! Sai! Estou mandando. Um dois... Sim, já é tempo de fazê-lo. O inferno é sombrio... Ora, marido".[8]

---

[6] SHAKESPEARE, William. *Macbeth*. In: *Teatro Completo: Tragédias*. Tradução de Carlos Alberto Nunes. Rio de Janeiro: Agir, 2008, p. 347.

[7] *Ibidem*, p. 373.

[8] *Ibidem*, p. 368.

O curioso caso, no entanto, tão atual: quanto mais lava as mãos, mais sangue delas brota – purificação às avessas, violência em estado de dicionário que emudece a palavra e contém o sagrado.

Lady Macbeth enlouquece porque se arrepende – está claro.

O projeto autoritário do presidente Bolsonaro é explícito como a vilania de Ricardo III, e não supõe arrependimento. Reconheça-se: ele nunca ocultou seus propósitos, jamais disfarçou sua natureza de tirano.

O golpe se arma diante de nossas retinas tão fatigadas: há um Bolsonaro no meio do caminho da democracia brasileira, e precisamos reagir com a urgência de Iago, *"even now, now, very now"*[9] – ou, desde sempre, será muito tarde.

Não importa que o procurador-geral da República se acovarde, sussurre e tartamudeie, muito embora o caráter inamovível do cargo que ocupa lhe autorizasse a gritar aos quatro ventos.

Não importa se o presidente exonera qualquer servidor da Polícia Federal que ouse investigar seus familiares e seus cúmplices. Um dia os escândalos virão à tona: cem anos, por vezes, não passam de oito meses.

Não importa se o conluio Jair Bolsonaro-Arthur Lira seja o mais nefasto da história republicana e tenha parido o maior escândalo a céu aberto de que se tem notícia: o orçamento secreto.

---

[9] Trata-se da famosa exortação de Iago: "Agora, nesse instante [...]" (SHAKESPEARE, William. *Otelo*. Tradução de Lawrence Flores Pereira. São Paulo: Companhia das Letras, 2017, p. 137).

No teatro shakespeariano, os tiranos são derrotados – uma e outra vez. E de novo. Derrotados por suas fraquezas e inseguranças, mas também, e sobretudo, pelo repúdio da opinião pública.

Macbeth dos tristes trópicos, a floresta começa a caminhar em sua direção.

Longa duração

Policarpo Quaresma, o visionário, finalmente consegue trocar algumas palavras com o Marechal de Ferro, inspirador do florianismo, movimento que não deixa de antecipar o projeto autoritário de Bolsonaro. Policarpo gasta seu tupi à toa, pois Floriano Peixoto nenhuma atenção concede ao cidadão idealista. Lima Barreto oferece então o retrato acabado da cidadania precária em perspectiva de longa duração: do período da Independência aos dias que correm:

> Atravessavam o portão da velha quinta de Pedro I. O luar continuava lindo, plástico e opalescente. Um grande edifício inacabado que havia na rua parecia terminado, com vidraças e portas feitas com a luz da lua. Era um palácio de sonho.[10]

Frágil como *um vidro, como um beijo de novela.*

A lição shakespeariana cobra inesperada atualidade: nomear o Mal é o primeiro passo para superá-lo.

---

[10] BARRETO, Lima. *Triste fim de Policarpo Quaresma*. São Paulo: Penguin, 2020, p. 309.

Dissonância cognitiva e bolsonarismo: realidade paralela na veia[1]

Um espectro

Um espectro ronda o mundo: o espectro da dissonância cognitiva (coletiva). Espectro materializado num movimento transnacional, favorecido pela onipresença do universo digital e das redes sociais no dia a dia planetário.

Crimes e irresponsabilidades

Nas (não) comemorações do dia 7 de setembro de 2022, Jair Messias Bolsonaro se superou: presenciamos um festival de mentiras, dados falsos, declarações preconceituosas e crimes de responsabilidade, numa rapidez surpreendente mesmo para os padrões hiperbólicos do mito. Os 4 eternos anos da presidência resumidos em 24 intermináveis horas. Síntese, aliás, desafiadora.

Ultrapassamos 680 mil mortes em função da pandemia da covid-19, número que poderia ser muito menor

---

[1] *Folha de S.Paulo*, 7 out. 2022.

se o governo não tivesse flertado com a criminosa noção de imunidade de rebanho por contágio direto. Assistimos, consternados, ao retorno do Brasil ao mapa da fome. Indefesos, somos assaltados pelo dragão da maldade da inflação toda vez que vamos ao supermercado para comprar uma quantidade sempre menor de produtos. Muito pouco surpresos, soubemos das "comissões" que seriam cobradas por intermediários improváveis de vacinas que não existiam no balcão de negócios escusos que se tentou montar no Ministério da Saúde, e que só não prosperou pelas denúncias da CPI. Nada pasmos fomos informados de que, agora sim com êxito, converteu-se o Ministério da Educação num armazém de secos e molhados, cujas improvisadas gôndolas traficavam barras de ouro e bíblias superfaturadas, além de profanadas com fotografias do pastor e ex-ministro e de dois pastores velozes e furiosos, indicados para tenebrosas transações pelo Messias Bolsonaro – responsável pelo apocalipse da educação pública. Pela primeira vez na história da Nova República um presidente em exercício acrescentou a sua já rica ficha corrida todos os crimes eleitorais possíveis e imagináveis, usando com o despudor que melhor define o personagem recursos da máquina pública em proveito próprio, numa rachadinha eleitoral de proporções épicas.

A enumeração do caos da administração do governo enquanto arquitetura da destruição poderia seguir indefinidamente. Contudo, Bolsonaro mantém uma base sólida do eleitorado, tendo chegado a 51 milhões de votos no primeiro turno.

(Mas devagar com o andor que Bolsonaro é feito de barro. Numa inegável derrota pessoal, também pela primeira vez na história da Nova República o presidente ficou em segundo lugar no primeiro turno das eleições. Um fracasso que ameaça reduzir o mito à impotência política.)

Passemos a palavra à Esfinge: "Qual o ser que, em todas as idades, troca verdades por óbvias mentiras e, confrontado com a falsidade, desafia o mais elementar princípio de realidade? Em que teia foi enredado?".
Passo a passo – o caminho é longo. E árduo.

Dissonância cognitiva *coletiva*

O bolsonarismo, como fenômeno de massa enraizado em diversos setores da sociedade, como o 3 de outubro de 2022 comprovou, é a expressão brasileira de uma onda transnacional que levou a extrema direita ao poder por meio do voto, ou seja, conquistando corações e mentes – e é preciso reconhecê-lo para ampliar o horizonte estreito que nos ameaça.

Trata-se de uma constelação inédita, favorecida pela onipresença das redes sociais. A fim de enfrentar esse desafio, proponho dois conceitos: "dissonância cognitiva *coletiva*" e "midiosfera extremista".[2] Dissonância cognitiva

---

[2] Vale a pena recordar o título que encerra a trilogia iniciada por este livro: *Dissonância cognitiva coletiva: midiosfera extremista e metaverso*.

é um desconforto subjetivo causado pela consciência da distância entre crenças e comportamentos.

Em 1957, o psicólogo social estadunidense Leon Festinger lançou *Teoria da dissonância cognitiva* [A *Theory of Cognitive Dissonance*], sistematizando uma experiência que viveu como pesquisador, relatada em *When Prophecy Fails* [*Quando a profecia falha*, 1956].

Neste livro, Leon Festinger e outros dois pesquisadores, Henry Riecken e Stanley Schachter, descreveram a Fraternidade dos 7 Raios, desenvolvida ao redor de Dorothy Martin, uma moradora de Chicago, que um dia começou a receber mensagens de seres extraterrestres de um planeta distante, Clarion.

(Mas, em tese, todo planeta é sempre distante.)

O conteúdo das mensagens era perturbador: no dia 21 de dezembro de 1954, um dilúvio de proporções bíblicas destruiria boa parte da terra. Contudo, seus seguidores sentiam-se confiantes, pois no dia D na hora H um disco voador pousaria no quintal da senhora Martin e resgataria os *happy few* que atendessem ao seu chamado.

O dia oportuno chegou, mas também duas decepções amargas se apresentaram, embora a segunda tenha representado um alívio. O disco voador não apareceu, mas pelo menos o dilúvio também faltou ao encontro marcado.

Leon Festinger e alguns colegas conseguiram infiltrar-se na seita. Puderam, assim, responder à pergunta-chave: o que ocorre na dinâmica de um grupo de fanáticos *quando a profecia falha*?

Ora, como reagiram os bolsonaristas após o 7 de setembro de 2021? Vale dizer: quando, após incitar sua base a violentas ações golpistas, o mito recuou e dócil, demasiadamente dócil, assinou uma cartinha contrita que, emasculação máxima, foi redigida por Michel Temer. E, ao que consta, em ligação para o ministro Alexandre de Moraes, não se esqueceu das lágrimas – muitas e nada caladas.

Leon Festinger e seus colegas fizeram duas descobertas de grande relevância.

De um lado, os adeptos da Fraternidade não abandonaram suas convicções; pelo contrário, racionalizaram o fracasso da profecia dobrando a aposta: o anúncio do dilúvio teria prevenido sua ocorrência! A energia mental empregada na advertência da catástrofe foi razão suficiente para alterar os designíos dos habitantes de Clarion.

De outro, a última frase do livro inaugura uma radicalidade para a qual o próprio Festinger não estava preparado, mas que explodiu no século XXI: "Eventos conspiraram para oferecer aos membros da seita uma oportunidade verdadeiramente magnífica para que crescessem em números. Tivessem sido mais efetivos, e o fracasso da profecia poderia ter sido o começo, não o fim".[3]

A publicidade vertiginosa gerada pelo espetacular malogro da predição permitiria converter o insucesso

---

[3] FESTINGER, Leon; RIECKEN, Henry W.; SCHACHTER, Stanley. *When Prophecy Fails: A Social and Psychological Study of a Modern Group that Predicted the Destruction of the World*. New York: Harper & Row, 1956, p. 233.

em fator de crescimento, numa fase inédita de expansão da Fraternidade, em lugar de seu desaparecimento. Soa familiar?

A suprema humilhação de Bolsonaro diante do ministro Alexandre de Moraes não esmoreceu o ânimo de seus seguidores para novas escaladas golpistas, com base em ridículas teorias conspiratórias a respeito das urnas eletrônicas. Como explicar esse comportamento de *povo marcado, ê, povo feliz*?

Midiosfera extremista

A frase de abertura de *When Prophecy Fails* adquiriu surpreendente atualidade no mundo dominado pela onipresença das redes sociais: "Um homem convicto é resistente à mudança. Discorde dele, e ele se afastará. Mostre fatos e estatísticas, e suas fontes serão questionadas. Recorra à lógica, e ele não entenderá sua perspectiva".[4]

Retrato acabado do tipo ideal do bolsonarista? Acrescente a essa certeza paranoica o caráter *coletivo* de um poderoso circuito comunicativo e o caldo entorna: o caos cognitivo torna-se realidade alternativa. Como lidar com o Brasil Paralelo de dezenas de milhões de pessoas?

Leon Festinger escreveu *Uma teoria da dissonância cognitiva* para responder à perplexidade causada pela história interna da Fraternidade. A petição de princípio é inequívoca: "*A presença de dissonância gera pressões para reduzir a dissonância.* [...] A presença de dissonância estimula ações

---

[4] *Ibidem*, p. 3.

para sua redução; de igual modo, a presença de fome leva a ações para reduzir a fome".[5]

Os itálicos são do autor, assim como o estilo tautológico. A reiteração angustiada retorna no último parágrafo do ensaio: "É também evidentemente necessário ser capaz de especificar quais são as mudanças específicas na cognição, ou quais os novos elementos cognitivos que reduziriam a magnitude da dissonância assim determinada".[6] A redundância deselegante e a expressão convoluta sugerem o desconforto do autor.

Na verdade, a inquietude de Leon Festinger tornou-se parte do mundo contemporâneo na figura do que sugiro chamar dissonância cognitiva *coletiva* – circunstância tornada possível pelo contágio favorecido pela mais poderosa máquina de desinformação da história da humanidade: a *midiosfera extremista*.

Trata-se de uma poderosa máquina de produção de narrativas polarizadoras, com base em *fake news* e teorias conspiratórias. Combustível da retórica do ódio, compõe-se de cinco elementos: quatro internos e um externo. Complexo sistema integrado que gera conteúdo radicalizador ininterruptamente. Nele se encontram as malfadadas correntes de WhatsApp; as indefectíveis redes sociais; uma rede altamente tóxica de canais de YouTube; e, por fim, aplicativos como TV Bolsonaro e Mano. No interior dessa teia, circula sem cessar uma produção audiovisual

---

[5] FESTINGER, Leon. *A Theory of Cognitive Dissonance*. Stanford: Stanford University Press, 1957, p. 18.

[6] *Ibidem*, p. 279.

que difunde o sistema de crenças bolsolavista, com exortação incessante a golpes de Estado e à eliminação física dos adversários. Ainda mais importante, os membros da seita firmaram um pacto que atemorizaria o próprio Mefistófeles: ignorar toda informação que não provenha da midiosfera extremista.

O elemento externo é muito grave: a "mídia amiga" da radicalização monetizadora, que, ao dar voz para fantasias mais lunáticas desestabiliza seriamente a democracia e estimula, no limite do crime, o projeto autoritário do bolsonarismo. Na iminência do segundo turno das eleições, a midiosfera extremista transformou-se numa sórdida usina de desinformação, e seus artífices incorrem nos mais variados tipos criminais. Mas se eles pararem para pensar, na verdade descobrirão que o amanhã sempre vem.

O propósito da midiosfera extremista é a criação de dissonância cognitiva *coletiva* – temível máquina eleitoral pela transferência para a política da alta intensidade de engajamento das redes sociais. A fim de despolitizar a *pólis*, esteio de seu projeto político autoritário, o bolsolavismo tornou o Brasil um laboratório mundial de criação metódica de realidade paralela.

Eis a Esfinge que desafia a *pólis* brasileira. Sem decifrar sua dinâmica, não saberemos como superar o desafio maior da história republicana: a barbárie-bolsonaro.

A profecia falha, a violência não[1]

> *Esta história acontece em estado de emergência e calamidade pública.*
> Clarice Lispector

O horror no meio de nós

O vídeo poderia parecer caricato, a cena, risível, mais um exemplo da dissonância cognitiva coletiva chamada bolsonarismo, mas, no fundo, nada poderia ser mais grave. Escrevo este artigo com um peso enorme no coração, porém nunca foi tão urgente dizer o que precisa ser dito, abrir os olhos, aguçar os ouvidos. Em trinta segundos, um homem ameaça o futuro da nação-Brasil, que, a bem da verdade, nunca se constituiu de todo, pois não pode haver nação em meio à desigualdade e ao racismo, diante da recusa radical de tudo que não seja espelho; não pode haver nação, dizia, se o outro for reduzido ao papel de inimigo a ser metralhado, seja com palavras, seja com balas.

(Não pode haver nação na arquitetura da destruição bolsonarista.)

---

[1] *Folha de S.Paulo*, 27 nov. 2022.

Um senhor encanecido, fantasiado de militar, transforma o Antigo Testamento em arma de extermínio. Erra na referência, confunde os fatos, mas pretende recorrer à citação na qual Samuel instruiu Saul: "Vai, pois, agora, e fere a Amaleque, e destrói totalmente tudo o que tiver, e não lhe perdoes; porém matarás desde o homem até à mulher, desde os meninos até aos de peito, desde os bois até às ovelhas e desde os camelos até aos jumentos" (1 Samuel, 15).

Em seu delírio, o homem, que se identifica como "pastor, capelão e capitão", deturpa a passagem; a alma adoecida pelo bolsonarismo imagina outro cenário, desenhado com sangue: "Matem todos, inclusive as mulheres grávidas. Transpasse a barriga. A espada na barriga. Porque o que tá ali é filho do demônio". Daí um especial esmero no assassinato de fetos – sim, esse bolsonarista de quatro costados está propondo a morte de crianças no ventre das mães – para que "demônios" não viessem ao mundo vingar a morte dos pais. Na sequência, a analogia-barbárie: simpatizantes do Partido dos Trabalhadores (PT) e do Partido Socialismo e Liberdade (PSOL) são novos "demônios" que serão eliminados se tiverem a má sorte de cruzar o caminho desse cidadão de bem, que afirma orgulhosamente ser armamentista.

Puro horror! Acabei de ler o incontornável romance de Boubacar Boris Diop, *Murambi: o livro das ossadas*, e assim passamos do Antigo Testamento do Brasil bolsonarista ao genocídio dos Tutsis, ocorrido em Ruanda em 1994. Os Hutus usaram exatamente o mesmo argumento para massacrar crianças e mulheres grávidas. Seu crime?

Serem Tutsis. O cidadão de bem, acampado diante de quartéis para pedir "democraticamente" que os militares brinquem de ditadura "com Bolsonaro no poder", pensa e odeia e deseja agir como os genocidas de Ruanda.

Como entender essa alucinação? É possível, ainda, entender alguma coisa?

Quando a profecia falha

O Brasil vive a manifestação coletiva, em uma dimensão inédita na história, de um fenômeno bastante estudado em seitas milenaristas, que geralmente reúnem um número reduzido de adeptos. O que ocorre quando o fim do mundo não comparece ao encontro marcado?

Como vimos no capítulo anterior, e aqui recordo rapidamente, *Quando a profecia falha* é um notável ensaio escrito por três pesquisadores, Leon Festinger, Henry Riecken e Stanley Schachter. Eles conseguiram se infiltrar na Fraternidade dos 7 Raios. A partir de mensagens enviadas por seres superiores do planeta Clarion, previa-se um dilúvio de proporções bíblicas para o dia 21 de dezembro de 1954. Ora, como lidar com o dia seguinte, cuja chegada, por si só, esclarece o fracasso da profecia?

Em primeiro lugar, busca-se racionalizar o fato; procura-se, por óbvio, uma escusa que permita manter a convicção na ausência absoluta de provas. O recurso é limitado: não se pode racionalizar novas profecias que, teimosas, insistam em falhar. Nesse caso, a violência expiatória é o recurso mais usual e mais terrível; eis onde estamos no Brasil bolsonarista.

(Você pensou na tragédia provocada pelo culto a Jim Jones, ainda que, como eu, você tenha se assustado com o próprio pensamento?)

No dia 31 de outubro, logo após a derrota nas eleições, vias em todo o país foram bloqueadas, numa ação orquestrada que sugere organização prévia, pois, se assim se mantivessem por míticas 72 horas, as Forças Armadas apoiariam delírios golpistas em Brasília – "com Bolsonaro no poder". No dia 3 de novembro, expirado o prazo mágico, invocou-se o terraplanismo do juiz favorito do movimento: SOS FFAA. Artigo 142. Selva! Acampamentos diante de quartéis e correntes de oração conduziriam à ditadura democrática. Mais 72 horas e tudo estaria resolvido – "com Bolsonaro no poder". No dia 7 de novembro, convocou-se uma greve geral que, se bem-sucedida, em 72 horas paralisaria o país, e agora, sem dúvida, tanques sairiam às ruas – "com Bolsonaro no poder". A greve, porém, terminou sem começar, e não com estrondo, mas com muita choradeira. No dia 15 de novembro, Bolsonaro em um silêncio impiedoso; Lula, o presidente eleito, brilha no Egito e é celebrado em todo o mundo. Porém, a maior manifestação da história é convocada: pronto! A terra tremerá, o gigante despertou, a nação se unificou – "com Bolsonaro no poder". Uma tempestade que faria a felicidade dos alienígenas de Clarion castiga os manifestantes e dispersa a multidão, que, no entanto, insiste em jogar caxangá, tira, põe e deixa ficar. Multidão fiel de guerreiros com guerreiras, que (por enquanto) fazem zigue-zigue-zá.

O estoque de novas profecias está prestes a se esgotar, ainda que bolsonaristas, tanto mais corajosos quanto mais distantes da minha terra tem palmeiras, se esforcem por manter a galinha de ouro da tríade sagrada do lacre-*like*-lucro. Estão fomentando violências e mortes! É o que acontece quando todas as profecias falham e o líder, em lugar de se sacrificar pela causa, sacrifica a causa para salvar a própria pele.

(Mansão, comida, roupa lavada, salário de marajá e muitos advogados, porque nem o mito é de ferro.)

A frustração acumulada da multidão pode explodir em atos de terrorismo doméstico e assassinatos expiatórios, cuja onda tende a crescer. Foi assim em toda a história. Hoje, contudo, o fracasso da profecia envolve milhões de pessoas, reféns da dissonância cognitiva coletiva produzida deliberadamente pela midiosfera extremista.

(Celular na cabeça, em posição horizontal, para ser visto com nitidez desde o planeta Clarion. E *jogue suas mãos para o céu e agradeça se acaso tiver alguém que você gostaria que estivesse sempre com você na rua, na chuva* ou no quartel mais próximo – "com Bolsonaro no poder".)

Mãe carinhosa, linchadora feroz

Estamos num bloqueio realizado pelos bolsonaristas. Um senhor, franzino, precisa seguir seu caminho. Tenta passar, mas rapidamente é cercado por uma horda que retorna à sanha primitiva da busca de bodes expiatórios para o linchamento ritual. Uma mãe, cuidadosa, armada com a camisa da seleção, abraça seu filho e o retira do meio do redemoinho. Contudo, ato contínuo, faz a travessia perigosa da jagunçagem e, aproveitando que a vítima se encontra no chão sendo massacrada por homens muito mais fortes e muito mais jovens, desfere um violento pontapé na cabeça do senhor, cujo corpo, pelo impacto do golpe, é lançado com força no asfalto. A linchadora dá as costas para a brutalidade que protagonizou; talvez tenha se recordado da criança (que assiste à cena). No entanto, uma força estranha a domina, ela se vira para o corpo estendido no chão e vocifera luciferina: "Morre, petista!". Satisfeita, em paz consigo mesma, caminha em direção à criança, que viu sua mãe desferir um violento pontapé na cabeça de um homem idoso, caído e já sem reação, ensanguentado pelos socos que recebeu de homens muito mais jovens e muito mais fortes.

(A mãe de bem, acampada diante de quartéis para pedir democraticamente que os militares brinquem de ditadura "com Bolsonaro no poder", pensa e odeia e deseja agir como os genocidas de Ruanda.)

Exemplos similares são legião: em Minas Gerais, bravos guerreiros do ar se associam para impedir que uma mulher chegue ao trabalho. Violentos, empombados, levantam a voz e calam a trabalhadora. No mesmo instante, um homem ao volante de outro carro informa que precisa passar. Os soldados de PlayStation não hesitam e, dóceis, abrem caminho. Ao lado, dois policiais encostados numa viatura nada fazem, ainda que a mulher lhes tenha implorado não ajuda, mas socorro.

Numa estrada qualquer do Brasil profundo, um bolsonarista de carteirinha, dizendo-se caminhoneiro, salta na boleia de um caminhão para obrigar um trabalhador a parar, com o risco de perder sua carga. O agitador de *lives*, o guerrilheiro do Facebook vive seu momento rumo à Estação Brasília e lança mão do argumento-crime: "O senhor não tem filhos? Melhor colaborar ou pode não ver mais seus filhos".

Em todo o Brasil, há uma proliferação de episódios similares, registrados em vídeos que excitam o voyeurismo bolsonarista.

Os versos de Cida Pedrosa, evocativos da Guerrilha do Araguaia, reúnem, numa operação de anacronismo deliberado, o horror da ditadura civil-militar e a barbárie-bolsonaro:

> mata
> mata
> mata[2]

Ruanda pode ser aqui e agora.

---

[2] PEDROSA, Cida. *Araras vermelhas*. São Paulo: Companhia das Letras, 2022, p. 81.

ENTREVISTAS

"O verbo dominante nos vídeos dos intelectuais bolsonaristas é eliminar. E o substantivo é limpeza."[1]

"As pessoas não levam a sério a guerra cultural bolsonarista." O tom é de alerta. É essa mesmo a intenção do professor da Universidade do Estado do Rio de Janeiro (UERJ) João Cezar de Castro Rocha, que trabalha na conclusão de um livro sobre o que chama de guerra cultural bolsonarista. "É uma guerra cultural que fala dois idiomas", explica.

De acordo com as hipóteses levantadas pelo professor titular de Literatura Comparada, doutor em Letras pela UERJ e em Literatura Comparada pela Stanford University, nos Estados Unidos, a destruição das instituições e a eliminação simbólica do inimigo interno são pontas de lança do projeto autoritário do presidente Jair Bolsonaro.

Castro Rocha afirma: "Há um ressentimento enorme. Há um revanchismo evidente. Há um desejo de destruir todas as instituições que caminharam no sentido do fortalecimento da democracia e da salvaguarda das instituições". E tudo parte de um livro secreto escrito

---

[1] Entrevista concedida a Augusto Diniz, do *Jornal Opção*, e publicada em 8 de março de 2020.

pelos militares a partir de 1986 sob o comando do então ministro do Exército, o general Leônidas Pires Gonçalves.

***

De onde parte o que o senhor chama de guerra cultural na estrutura do governo Bolsonaro?

Minha ideia surgiu de uma perplexidade. Em um primeiro momento, provavelmente todos ficamos muito surpresos com o nível praticamente caricatural de várias áreas no governo. Declarações que pareciam a princípio estapafúrdias da ministra Damares Alves [Mulher, Família e Direitos Humanos], do ministro Ernesto Araújo [Relações Exteriores], do primeiro ministro da Educação [Ricardo Vélez Rodríguez], depois do segundo [Abraham Weintraub] e do ministro Ricardo Salles [Meio Ambiente].

Havia um conjunto de declarações que parecia tão descolado da realidade que de fato conformava uma espécie de *Brasil paralelo*. Mas essa explicação não me satisfazia – me parece que é um grave problema, porque temos uma tendência a reduzir essa situação gravíssima que vivemos à caricatura. O que proponho é passar da caricatura à caracterização. Isto é, tento compreender a guerra cultural bolsonarista na sua própria dinâmica. Busco entender qual é sua fonte, qual é a origem desse pensamento, quais são as dinâmicas que lhe são próprias. Há um equívoco quando reduzimos a guerra cultural a uma caricatura. Estamos, em uma boa medida, imaginando que a guerra cultural bolsonarista é comparável às guerras culturais que ocorrem nos Estados Unidos e na Europa há mais de uma década.

A hipótese que proponho é bastante diferente. Proponho deixar de se relacionar com este modelo de guerra cultural, que na Europa e nos Estados Unidos tem de 15 a 20 anos. Já no século XIX na Alemanha houve a *Kulturkampf* [a batalha pela cultura]. Nesses casos, em geral, o que ocorre é uma disputa de valores: de um lado, progressistas, de outro, conservadores. De um lado, uma visão de mundo de esquerda, de outro, uma visão de mundo de direita, e assim sempre.

No caso da guerra cultural bolsonarista, que não deixa de ter contato com esse tipo de modelo, proponho que o modelo da guerra cultural bolsonarista tem uma característica muito própria, muito relacionada à história recente brasileira, e é a incapacidade que temos de compreender isso que não nos permite reagir a tempo para o que creio que pode ser um momento inédito no Brasil em termos de ruptura e, sobretudo, em termos de paralisação da administração pública.

Em um dos artigos publicados recentemente, o senhor faz comentários sobre o documentário 1964: O Brasil entre armas e livros, *da produtora Brasil Paralelo. O senhor diz que o filme faz uma revisão da história da ditadura civil-militar de 1964 a 1985 sob o aspecto de que os militares teriam combatido a luta armada, mas não teriam combatido os livros, a cultura e a educação. Onde nasce essa construção de ameaça constante do comunismo no Brasil e até onde ela vai?*

Essa é a pergunta-chave. Só sou capaz de partir para uma nova hipótese porque acredito que descobri a resposta.

Não nego que a guerra cultural bolsonarista se relacione com as guerras culturais que ocorrem hoje no mundo. Mas digo que isso está apenas na superfície. É muito mais na técnica de utilização da trolagem, do uso sistemático do WhatsApp. Mas o conteúdo da guerra cultural bolsonarista é arraigadamente ligado a uma concepção revisionista da ditadura civil-militar. Essa concepção tem um documento.

A guerra cultural bolsonarista realiza, de um lado, uma tradução inesperada, de consequências potencialmente funestas, da Doutrina de Segurança Nacional (DSN) que foi desenvolvida durante a ditadura. Mas, mesmo antes, pela Escola Superior de Guerra. A DSN adaptou o direito internacional público para o caso brasileiro. Na DSN, uma vez identificado o inimigo, não há dúvida: é necessário eliminá-lo.

A guerra cultural bolsonarista tem muito pouco a ver com cultura como entendemos, e tem muito a ver com a concepção militar da DSN de eliminação do inimigo interno. Se você fizer o trabalho mínimo de assistir a alguns vídeos de intelectuais bolsonaristas, o verbo dominante é *eliminar*. E o substantivo dominante é *limpeza*. É um vocabulário retirado diretamente do golpe civil-militar de 31 de março de 1964.

Como traduzir em um ambiente democrático a DSN nacional se a democracia necessariamente implica o contraditório e a exposição à diferença? Em 1985, depois de um trabalho de seis anos, foi publicado no Brasil um livro que marcou época chamado *Brasil: nunca mais*. O livro que a ditadura civil-militar procurou ocultar. De maneira secreta, um grupo de pesquisadores compilou aproximadamente cinco mil páginas de documentos do Superior Tribunal Militar (STM) com processos de "subversivos" e guerrilheiros.

Portanto, todos os documentos que fazem parte do projeto *Brasil: nunca mais* foram produzidos pela ditadura civil-militar. Os pesquisadores compilaram uma seleção de documentos de modo a denunciar para a sociedade brasileira a tortura, o assassinato e o desaparecimento político como práticas de Estado durante a ditadura civil-militar. Eu tinha 20 anos quando saiu o *Brasil: nunca mais*. Foi uma revolução na sociedade brasileira. Ficaram comprovadas de uma maneira muito clara todas as arbitrariedades e a violência da ditadura civil-militar.

No ano seguinte, sob a liderança do ministro do Exército do governo José Sarney (MDB), o general da linha-dura Leônidas Pires Gonçalves, um grupo de militares resolveu revidar. Decidiu, a seu modo, escrever outro livro. Já que o *Brasil: nunca mai*s se tornou o livro que revelou os horrores da ditadura civil-militar, os militares comandados pelo Leônidas Pires Gonçalves decidiram escrever o livro que expusesse, em sua visão, os horrores da luta armada, isto é, o livro que a esquerda gostaria de ocultar – e o paralelismo é deliberado; aliás, como o título, *Orvil*, evidencia. Isto é, "Orvil", Livro ao contrário

Os militares compilaram documentos e organizaram dois volumes de aproximadamente mil páginas e queriam publicar o livro. Seria a resposta do Exército ao *Brasil: nunca mais*.

José Sarney, em 1989, vetou a publicação, temendo a radicalização e a polarização que daí poderiam surgir. A partir deste momento, algumas cópias produzidas manualmente circularam entre oficiais de alta patente e poucos militantes de direita. Até que um jornalista, Lucas Figueiredo, especialista na comunidade de informação brasileira, autor do mais importante livro sobre o Serviço Nacional de Informações (SNI), *Ministério do silêncio*,[2] teve acesso ao livro. O projeto dos militares se chamava *Orvil*.

Livro de trás para frente.

Realmente é um livro de trás para frente porque é um livro que procura inverter completamente o *Brasil: nunca mais*. O *Orvil* compila em suas mil páginas documentos que mostram a morte de civis em ações da luta armada, que considera que todos os guerrilheiros eram terroristas, que não lutavam pela democracia. E fazia a compilação sistemática desses documentos. Depois, o coronel Carlos Alberto Brilhante Ustra aproveitou esse material para publicar o seu livro.

Que é o A verdade sufocada?

Isso! Lucas Figueiredo descobriu o *Orvil*, que agora se encontra disponível. Hoje, se o leitor colocar no Google

---

[2] FIGUEIREDO, Lucas. *Ministério do silêncio: a história do serviço secreto brasileiro de Washington Luís a Lula (1927-2005)*. Rio de Janeiro: Record, 2005.

"verdade sufocada", chega ao *Orvil* e pode baixar sua versão fac-similar. É uma leitura surpreendente. Primeiro porque mostra, pela visão do Exército, como foi a luta armada. É interessante para quem tem preocupação com o período.

Além da compilação de documentos e de fatos, os militares procuraram mostrar que a esquerda da luta armada, na concepção do Exército, era terrorista e provocou tantos assassinatos e tantas mortes quanto o próprio Exército. É uma interpretação. Uma narrativa. Tem uma linha narrativa que procura interpretar a história republicana brasileira a partir da década de 1920.

O que vou dizer aqui é exatamente o que dizem os ideólogos do presidente, exatamente o que diz o ministro da Educação, exatamente a base do documentário *1964: O Brasil entre armas e livros*, assim como a própria estrutura de pensamento da produtora de conteúdo audiovisual Brasil Paralelo. Eis o fundamento de toda ação deletéria deste governo para destruir as instituições. Desde o Ibama [Instituto Brasileiro do Meio Ambiente e dos Recursos Naturais Renováveis], que teve a sua estrutura de fiscalização desmontada, até a Capes [Coordenação de Aperfeiçoamento de Pessoal de Nível Superior], que está sendo destruída passo a passo.

Eis a narrativa proposta pelo *Orvil*: o século XX brasileiro assistiu a uma investida constante do movimento comunista internacional para impor ao Brasil uma ditadura do proletariado. É uma narrativa delirante. É uma teoria conspiratória, simplesmente absurda. Segundo o *Orvil*, houve três momentos fracassados. O primeiro foi a fundação do Partido Comunista do Brasil (PCdoB), que assim se chamava em 1922, e a Intentona Comunista de 1935. Primeiro momento derrotado militarmente pelo Exército brasileiro.

O segundo momento começaria após o suicídio de Getúlio Vargas e se prolongaria até o golpe civil-militar de 1964. E, de novo, a tentativa teria sido derrotada militarmente. O terceiro momento seria o da luta armada, entre 1968 e 1974. Nas cidades, a luta armada terminou em 1972. Destaca-se 1974 porque nesse ano os últimos guerrilheiros do Araguaia foram assassinados pelo Exército. Não são feitos prisioneiros, são eliminados em fidelidade à DSN. Ainda em 1974, o presidente Ernesto Geisel começou a desmobilizar o aparato repressivo, o que explica o ressentimento que se encontra na base do *Orvil*. Assim também se esclarece a narrativa conspiratória do quarto e derradeiro momento.

Dentro da criação do que o senhor chama de uma narrativa delirante dos ideólogos e membros do governo Bolsonaro de que havia de fato uma ameaça de tomada do poder pelos comunistas...

Constrói-se uma narrativa delirante: haveria no Brasil uma real possibilidade de estabelecimento de uma ditadura do proletariado, que seria uma espécie de China da América Latina, dada a dimensão continental e a importância do país da região.

Diz o *Orvil* que em 1974 começou a quarta fase, o momento "mais perigoso". Na narrativa dos militares do Exército, em 1974, mais uma vez derrotada militarmente, a esquerda mudou de rumo e decidiu adotar a técnica gramsciana – que os incultos da guerra cultural bolsonarista, em hostilidade constante com a língua portuguesa, insistem em dizer "gramscista" –, infiltrando-se na cultura, acima de tudo nas universidades e nas artes, para a médio prazo tomar o poder. Essa é a explicação do *Orvil*. Em outras palavras, a esquerda triunfou somente quanto o aparato repressivo foi desativado! Culpa, pois, da distensão proposta por Geisel... O *Orvil* é uma peça de defesa para evitar a acusação!

Se você analisa o discurso do ministro da Educação, do presidente Jair Bolsonaro, do Olavo de Carvalho, de seus seguidores e dos bolsonaristas abduzidos pela guerra cultural, toda estratégia retórica vem do *Orvil*. Vem do *Orvil* a fonte da concepção de mundo do bolsonarismo. A guerra cultural bolsonarista retoma literalmente os termos do projeto secreto do Exército e tenta transformá-lo em política pública. O resultado para o país será desastroso.

Quando o Orvil *trata do que seria a quarta fase na narrativa militar a respeito da ditadura, por que Antonio Gramsci e também a Escola de Frankfurt preocupam tanto o bolsonarismo e o novo conservadorismo brasileiro?*

Se estou certo, esta é a guerra cultural bolsonarista, não a outra. A intenção é eliminar o inimigo interno. E o inimigo interno é qualquer um que não seja bolsonarista. E mais. O bode expiatório é o esquerdista, o movimento comunista internacional, globalista no idioleto da guerra cultural.

Em um ambiente democrático, não se pode fazer o que a ditadura civil-militar fez – prender, torturar, assassinar e desaparecer corpos – e o presidente negou recentemente que tenha havido tortura durante a ditadura, o que é um absurdo completo.

Em 1965, houve até um relatório do general Ernesto Geisel que reconheceu a existência de tortura. Relatório encomendado por Castello Branco, primeiro presidente da ditadura civil-militar. Isso é um fato histórico. Como não é possível mais eliminar fisicamente os adversários, enquanto conseguirmos defender a democracia, o que o bolsonarismo faz por meio das milícias digitais é tentar eliminar simbolicamente. Isso tem sido feito desde o início do governo.

Fez-se com Hamilton Mourão (PRTB). O vice-presidente foi enquadrado. Foi feito com Gustavo Bebianno [ex-secretário-geral da Presidência da República]. Sem Gustavo Bebianno, Bolsonaro não teria sido sequer candidato. Quem defendeu Bolsonaro no Supremo Tribunal Federal (STF) foi Gustavo Bebianno. Quem conseguiu o partido foi Gustavo Bebianno. Quem montou a estrutura de campanha foi Gustavo Bebianno. Ele foi eliminado simbolicamente.

Quem é o Hamilton Mourão de verdade: o candidato a vice-presidente com discurso muito próximo ao de Bolsonaro ou o vice-presidente que o senhor diz que teria sido enquadrado pela militância digital?

Mourão não era próximo a Bolsonaro na campanha. Surgiu como última opção quando falhou a possibilidade de o deputado federal Luiz Philippe de Orleans e Bragança (PSL-SP) ser o vice. Depois que a deputada estadual Janaína Paschoal (PSL-SP) recusou, participou da convenção do PSL e, de maneira muito lúcida, disse que era preciso estar ao máximo aberto para receber críticas e para escutar os outros. Por isso a deputada Janaína Pascoal não podia evidentemente ocupar a vice-presidência de Bolsonaro. Com Philippe de Orleans e Bragança houve controvérsias, e ele não foi escolhido vice. No último momento apareceu o Mourão.

A milícia bolsonarista tenta eliminar simbolicamente as pessoas. Mourão se enquadrou. Bebianno foi eliminado. O general Santos Cruz [ex-ministro-chefe da Secretaria de Governo da Presidência], que no início os bolsonaristas consideravam um ícone, foi eliminado simbolicamente com uma crueldade que nunca se viu na história brasileira. Algo muito preocupante.

Nunca generais foram tratados da maneira como essas pessoas foram tratadas. Nunca na história política brasileira. Nem mesmo a guerrilha armada tratava os generais como a milícia bolsonarista os trata – na verdade, destrata. Não há paralelo. Nunca um general da importância do Santos Cruz foi assim tratado: vilipendiado e humilhado nas redes sociais como ocorreu com ele.

É uma quebra de hierarquia dentro do Exército cujas consequências ainda são nebulosas. Mas há mágoas. A função das milícias digitais é eliminar simbolicamente os inimigos. Os bodes expiatórios surgem, e a violência da milícia bolsonarista digital é algo inédito na história política brasileira. O que se está fazendo é a eliminação das instituições ligadas a toda pauta progressista ou à cultura.

A Ancine [Agência Nacional do Cinema] retirou do seu site cartazes de filmes brasileiros porque muitos seriam típicos representantes da esquerda. A Fundação Zumbi dos Palmares hoje é presidida por um senhor que nega a existência do racismo no Brasil e é hostil ao movimento negro, embora ele também o seja. Ele demitiu por telefone todos os funcionários de alto escalão negros da fundação! A Capes está cortando sistematicamente todas as bolsas. As verbas do CNPq [Conselho Nacional de Desenvolvimento Científico e Tecnológico] estão sendo reduzidas a quase nada. O ministro da Educação não só não consegue realizar uma execução orçamentária minimamente razoável como ainda não apresentou um projeto para o Fundeb [Fundo de Manutenção e Desenvolvimento da Educação Básica].

Se não houver um projeto para substituir o Fundeb, que vai expirar no ano de 2021, a educação nos municípios será muito prejudicada. Na hipótese que levanto, a DSN supõe a eliminação do inimigo interno. Como não é possível eliminar fisicamente, elimina-se simbolicamente nas redes sociais. É a tarefa das milícias bolsonaristas.

E há um projeto em curso de eliminação, destruição das instituições ligadas ao meio ambiente, à cidadania e à cultura. As consequências serão absolutamente desastrosas. Duas pesquisadoras da Universidade de São Paulo (USP) sequenciaram o genoma do coronavírus no Brasil em 48 horas. Em nenhum país do mundo isso aconteceu. Isso só ocorreu porque o laboratório havia recebido verbas de pesquisa.

Com a política de corte de verbas do CNPq e de corte de bolsas da Capes, o país entrará em colapso. Se houver outra epidemia daqui a dez anos, não haverá cientista, não haverá laboratórios, não haverá pesquisa. O panorama é lúgubre, é sombrio.

Mas voltemos à questão da interpretação bolsonarista da dominação pela cultura com uma suposta tática gramsciana.

Da Escola de Frankfurt, de fato, Herbert Marcuse tornou-se uma figura muito importante nas revoltas estudantis de 1968. A obra de Marcuse e de toda a Escola de Frankfurt foi decisiva para o movimento estudantil. É absolutamente correto dizer que nas agitações estudantis de 1968 o pensamento de Herbert Marcuse desempenhou um papel relevante.

Marcuse apresentou algumas análises muito penetrantes de como as sociedades capitalistas haviam criado na aparência de um regime democrático formas muito sutis de controle e repressão. Theodor Adorno tinha uma tese muito importante: diante de um capitalismo de uma sociedade automatizada, de uma vida danificada pela planificação de uma sociedade cada vez mais produzida em massa e em série, impunha-se uma Grande Recusa diante dessa sociedade cada vez mais padronizada.

Essas duas vertentes da Escola de Frankfurt eram francamente críticas de um mundo que hoje chamamos de capitalismo financeiro globalizado, isto é, de formas de consumo que Adorno recusaria como manifestações da indústria cultural. Por exemplo, se você for a qualquer lugar do mundo, existe um programa *The Voice*. Se você for a qualquer lugar do mundo, existe um *Big Brother*.

A primeira vez que fui a Moscou (Rússia), fiz como faço em toda viagem: ligo a televisão para escutar o idioma. Quando não entendo nada, pelo menos *escuto* o idioma. Tinha acabado de chegar ao hotel, liguei a televisão e me familiarizava com o quarto. Não estava olhando para a televisão. Por algum motivo, tive a impressão de que começo a entender o que estou escutando. O que é impossível, pois nunca estudei russo!

Mas o tom de voz, o ritmo, o volume, o tipo de discussão. E digo "espere aí, mas estou entendendo isso". E olhei para a televisão. Você sabe por que eu tinha a impressão de que entendia algo? Era o *Big Brother Rússia*! É tudo igual. Contra essa padronização dos costumes, contra a padronização da "arte", Marcuse desenvolveu uma análise muito sutil de formas de repressão de uma sociedade "livre" apenas teoricamente.

A Escola de Frankfurt foi muito importante para o movimento estudantil e para os anos 1960. Mas as análises que são feitas por Olavo de Carvalho e por seus seguidores sobre Marcuse e Adorno são absolutamente indigentes. É óbvio que eles não sabem ler alemão. E não têm ideia do que estão falando. Não leram com cuidado, tampouco com olhos livres, nem Adorno nem Marcuse. Isso é muito claro.

Por exemplo, houve um momento em que Olavo de Carvalho sugeriu que as composições dos Beatles foram feitas pelo Adorno. Ao ouvir algo assim, é difícil resistir à caricatura. Mas precisamos resistir. Precisamos passar para a caracterização. O que está em jogo é a narrativa do *Orvil*. Porque o nome Marcuse já aparece no *Orvil*!

O que se diz hoje da guerra cultural gramsciana está no *Orvil*. Esta é a origem dos delírios que moldam a extrema direita brasileira. Em muitos aspectos, a guerra cultural bolsonarista é baseada no relatório secreto do Exército brasileiro chamado *Orvil*. A estratégia de Gramsci está lá; embora o italiano não seja mencionado. Marcuse está lá e seu nome aparece uma vez em referência ao Maio de 1968.

Vou além. A produtora Brasil Paralelo representa, no plano do audiovisual, a difusão da teoria conspiratória do *Orvil*. Porque toda a base da compreensão profundamente equivocada da história política brasileira recente exposta nos filmes do Brasil Paralelo é o *Orvil*. O documentário *1964: o Brasil entre armas e livros* é uma transposição literal para a tela e, portanto, para o grande público, do *Orvil*.

O argumento é tão singelo quanto este: os militares venceram pelas armas a batalha militar, mas, como propõe o subtítulo, perderam a guerra dos livros. É exatamente a narrativa do *Orvil*. E as consequências para a cultura brasileira serão desastrosas, pois levarão a uma ruptura como nunca houve e a uma paralisia administrativa.

Não é possível administrar um país com a complexidade do Brasil sem um mínimo de objetividade. Por exemplo, o diretor do Inpe [Instituto Nacional de Pesquisas Espaciais], Ricardo Galvão, adverte que há indícios alarmantes do aumento das queimadas. A resposta de Jair Bolsonaro é movida pela guerra cultural: o diretor do Inpe é de esquerda, e as ONGs vão promover queimadas porque perderam dinheiro fácil do comunismo internacional. Houve, inclusive, uma tentativa de criminalizar ativistas. O que ocorreu trinta dias depois? As queimadas foram confirmadas em um número muito maior do que o alertado pelo Inpe.

O ministro da Educação deu uma entrevista em 2 de março de 2020, na qual disse que Paulo Freire era feio, fraco e sem resultados positivos. Se se trata disso, você não trabalhará com serenidade. Consequência: a execução orçamentária do Ministério da Educação é a menor da última década.

No serviço público existe o orçamento. Ao contrário do que pensa o grande público, orçamento não quer dizer dinheiro, mas a previsão de gasto para determinada área. Você não consegue fazer nenhum gasto no serviço público a partir de um certo valor se não tiver licitação, que exige no mínimo três orçamentos, análise de técnicos e outras etapas.

Isso quer dizer que não é fácil gastar dinheiro no serviço público. É preciso cumprir uma série de requisitos. As pessoas pensam que o dinheiro está disponível em um banco. Não é assim. O orçamento de um ministério significa que o Congresso aprovou um gasto até aquele teto. Mas, para o ministério gastar, é preciso gerar projetos com demandas pontuais. É preciso empenhar uma técnica administrativa que é exigência mínima para tornar o valor previsto em dinheiro efetivo, e que ainda assim não é pago de imediato.

O fato de o ministro ter tido a menor execução orçamentária da última década quer dizer que há uma paralisia administrativa, justamente causada pelo delírio da guerra cultural bolsonarista.

O Ministério Público Federal (MPF) cobra do Ministério da Educação explicações para entender o motivo de mais de R$ 1 bilhão do fundo da Lava Jato ter ficado parado no órgão em 2019.

Quando o ministro esteve no Senado e foi perguntado sobre o recurso da Lava Jato, creio que o titular do MEC improvisou. Porque não se pode dizer que se vai empregar R$ 1 bilhão para *vouchers*, porque não é assim que funciona. É preciso saber quanto custa cada *voucher* para creche por um mês ou um ano, quantos alunos serão beneficiados, quais são as creches.

No serviço público, não se pode contratar uma creche distantemente aparentada com qualquer funcionário. Não é dizer que irá pegar R$ 1 bilhão e transformar em *voucher*. Isso não existe. Não é assim que funciona.

A guerra cultural bolsonarista é o núcleo duro do governo. Pode sair o Paulo Guedes [Economia], pode sair o Sergio Moro [Justiça e Segurança Pública], mas não se pode abrir mão da guerra cultural. Se a guerra cultural for abandonada, acaba o governo Bolsonaro. O governo Bolsonaro não tem projeto para o futuro do país.

O único projeto do governo Bolsonaro é levar adiante a narrativa conspiratória do *Orvil*, o que implica a destruição de todo um aparato estatal construído desde a

Constituição de 1988. As consequências para a sociedade brasileira serão terríveis. Vejamos dois exemplos.

Segundo a lei, quando se apresenta uma solicitação ao INSS, a resposta tem de ser dada em até 45 dias. Até o governo de Jair Bolsonaro, a resposta era dada nesse prazo. Agora o tempo médio é de oito meses. O Bolsa Família tem hoje a maior fila da história de pessoas que se qualificam plenamente para o benefício, mas estão sem recebê-lo.

Até fevereiro, o ministro responsável pelo Bolsa Família, Osmar Terra, era o mesmo que comemorou o fim da fila de beneficiários do programa no governo Temer.

O então ministro da Cidadania, Osmar Terra, no início do governo vem ao Rio de Janeiro, caminha em Copacabana, dá uma entrevista e diz que é evidente que há uma epidemia de drogas no Brasil porque as ruas estavam vazias enquanto caminhava. Qual é a relação minimamente racional de causa e efeito entre uma coisa e outra? Na verdade, é o contrário. Para comprar droga, a pessoa não pode ficar em casa! Além disso, o ministro proibiu a divulgação de uma pesquisa realizada pela Fiocruz.

Qual é a diferença da guerra cultural bolsonarista que o senhor trabalha na sua pesquisa com a censura nas artes durante a ditadura civil-militar?

É hora de ter coragem de pensar. A situação é mais grave do que parece. As pessoas não entenderam que a guerra cultural é o núcleo do governo. Não é um acaso, uma caricatura ou algo feito por pessoas simplesmente atrapalhadas. Não: é o núcleo do governo.

A guerra cultural bolsonarista é uma ameaça maior à arte, à ciência e à educação do que a ditadura civil-militar. Porque a ditadura civil-militar concentrou os esforços na eliminação do inimigo interno, que era a esquerda da luta armada ou de qualquer forma de oposição ao regime. Contudo, a ditadura civil-militar, ao contrário deste governo, tinha um projeto nacionalista.

A ditadura civil-militar, ao contrário do governo Bolsonaro, não vendeu nem sucateou a coisa pública. A ditadura civil-militar, como tinha um projeto de uma pátria grande, investiu em infraestrutura, criou estatais. Esta é uma contradição muito importante: a guerra cultural bolsonarista é mais séria porque está destruindo as instituições associadas ao meio ambiente, à cidadania e à cultura.

O que está ocorrendo no país é mais sério do que o que houve na ditadura civil-militar: hoje, estão destruindo todas as instituições que levamos décadas para construir.

Quando o presidente envia vídeos com convocação para as manifestações do dia 15 de março contra o Congresso e o STF, há um incentivo a uma ideia de fechamento dos poderes Judiciário e Legislativo? Até que ponto o autoritarismo está instalado no governo e até onde as instituições consegue frear esse ímpeto?

A destruição das instituições foi a ponta de lança do projeto autoritário do Jair Messias Bolsonaro. É a guerra cultural que torna este projeto inaceitável em si mesmo como algo palatável para uma parte da população. O que o torna palatável para pessoas que, de outra forma, jamais pensariam em abolir Congresso, destruir o Supremo Tribunal Federal, é porque elas estão absolutamente dominadas pela guerra cultural nos termos aqui definidos.

Não são termos europeus e estadunidenses. São termos profundamente brasileiros, arraigados na interpretação militar revisionista, revanchista da ditadura civil-militar em resposta ao *Brasil: nunca mais*. Há um ressentimento enorme. Há um revanchismo evidente. Há um desejo de destruir todas as instituições que caminharam no sentido do fortalecimento da democracia e da salvaguarda das instituições.

Esse é o grande trunfo da Constituição de 1988. O trunfo real da Constituição Cidadã, como é chamada, foi procurar ter salvaguardas para assegurar que nunca mais um projeto autoritário fosse possível no Brasil. A guerra cultural bolsonarista não é uma caricatura, porém uma ameaça real à jovem democracia brasileira.

É preciso caracterizá-la. A guerra cultural bolsonarista é a ponta de lança de um projeto autoritário, cuja finalidade é destruir as instituições para estabelecer um governo de ação direta entre as massas e o presidente – destino final da vocação autoritária do bolsonarismo.

Na live do dia 27 de fevereiro de 2020, o presidente Bolsonaro tenta dizer que os vídeos na verdade são das manifestações de 2015, mas acaba por citar a facada, tentativa de homicídio que só vem a ocorrer 3 anos e 6 meses depois. Há um foco no ataque à imprensa, mas não houve citação do presidente ao presidente da Câmara,

Rodrigo Maia (DEM-RJ), nem aos ministros Celso de Mello e Dias Toffoli, presidente do STF, que criticaram a ação de Bolsonaro...

Os ministros do Supremo Tribunal Federal são profundamente atacados pela milícia digital bolsonarista. O presidente faz esse ataque direto e estimula a radicalização. Bolsonaro difundiu o famoso vídeo das hienas. Eram colocados como hienas o Rodrigo Maia, Davi Alcolumbre [presidente do Senado] e os ministros do Supremo Tribunal Federal.

Temos de parar de imaginar que se trata de alguém descontrolado que não sabe o que faz. É o oposto. A guerra cultural bolsonarista é um projeto autoritário que tem como ponta de lança a recuperação da narrativa conspiratória do *Orvil* para justificar que é isso, o ogro Bolsonaro, ou triunfo da esquerda, assim como na ditadura civil-militar foi possível tornar a tortura política de Estado, tornar o assassinato de adversários políticos "aceitável" e tornar o desaparecimento de corpos "tolerável".

Bolsonaro está jogando o mesmo jogo. É seu autoritarismo ou o retorno do PT. Não somos prisioneiros dessa dicotomia muito pouco inteligente! A guerra cultural bolsonarista é um retrocesso a esse passado cuja base é a teoria do *Orvil*. Se não reagirmos a tempo, as consequências para a sociedade brasileira serão terríveis. Um professor universitário como eu tem de dar a cara a tapa e dizer o que está acontecendo.

Estou disposto a dialogar com qualquer bolsonarista. Não tenho problema em dialogar com ninguém. Sou professor universitário e já orientei no mestrado e no doutorado alunos de Olavo de Carvalho. Mantenho diálogo com intelectuais bolsonaristas. Se qualquer bolsonarista quiser discutir comigo, basta marcar o lugar. Irei com as mil páginas do *Orvil* minuciosamente lidas e apresentarei minha hipótese. Se provarem que estou errado, aceitarei.

Isso tem de ser feito agora. Se não fizermos isso agora, daqui a um ano você talvez não possa mais fazer esta entrevista comigo. A responsabilidade que tenho ao me expor é porque estou pensando no Brasil. A situação é muito grave. A destruição das instituições pode tornar o Brasil um país atrasado por décadas.

Leio o que a direita escreve para entender seu pensamento. Assisto aos vídeos dos *youtubers* de direita.

Não estou questionando a legitimidade da presidência de Jair Messias Bolsonaro. O presidente foi eleito em um pleito democrático com mais de 57 milhões de votos. Bolsonaro é o presidente legítimo do Brasil. Não questiono isso. Mas parto do princípio de que 57 milhões de eleitores e eleitoras que deram voto a Jair Messias Bolsonaro não votaram para que o presidente destruísse as instituições associadas à cultura, à cidadania, ao meio ambiente, à educação, à saúde.

Isso é bem importante porque todo meu desejo é dialogar. Quero muito dialogar com quem discorde de minhas opções políticas. É necessário entender por que votaram no Jair Messias Bolsonaro; para tanto, preciso ler o que seus eleitores escrevem e assistir aos vídeos que produzem. Vocês têm todo direito de imaginar que a melhor opção para o Brasil, no contexto de 2018, era votar no Bolsonaro. É um direito que o eleitor tem. E tem de ser respeitado. Ademais, não se esqueça do princípio da alternância do poder.

Contudo, o presidente não foi eleito democraticamente para impor um projeto autoritário. Isto tem de ser denunciado. Não questiono a legitimidade, questiono o projeto.

O ex-secretário especial da Cultura Roberto Alvim ficou dois meses no cargo. Depois daquele vídeo publicado nas redes sociais da pasta com trechos de discurso do ministro da Propaganda da Alemanha nazista, Joseph Goebbels, acabou por cair. Mas horas antes chegou a ser elogiado pelo presidente Bolsonaro pelo mesmo direcionamento apresentado no vídeo em uma das lives *presidenciais. Alguns analistas disseram que aquela era uma visão do Alvim, que não se tratava de uma ideia de Jair Bolsonaro.*

Era do próprio Bolsonaro. Tanto que o presidente não desejava demiti-lo. Bolsonaro tentou resistir. Até que a comunidade israelense em peso demonstrou toda sua indignação, e não foi possível mantê-lo no cargo.

Houve, inclusive, uma pressão do presidente do Senado, que é judeu, para tentar convencer Bolsonaro de que era necessário derrubar o Alvim do governo. O projeto representado pelo ex-secretário da Cultura permanece ou caiu junto com o antigo ocupante do cargo, o da criação do Prêmio Nacional das Artes?

Esse projeto acabou. Acredito que não tenha como voltar. No sentido dado pelo Alvim, não era possível de nenhuma forma ocultar o caráter autoritário de um governo que pretende criar uma arte "nacional e pura". Estamos em 2020. É um delírio completamente absurdo. Maior do que os outros delírios do governo – e não são poucos.

Acredito que seja muito difícil levar esse projeto adiante. Este episódio o enterra de vez. Mas Roberto Alvim era uma das pontas de lança do projeto autoritário. Qual é a importância de compreender o Roberto Alvim? Ele não é um caso isolado. Alvim não deve ser compreendido como uma caricatura, como um mero descontrole da técnica da "trolagem". Ele foi uma explicitação indesejável do caráter autoritário do projeto.

Nesse sentido, o que proponho é explicitar da maneira mais clara possível a natureza autoritária do bolsonarismo. Roberto Alvim conta porque, na tentativa de criar uma arte "nacional e pura", que é um conceito em si mesmo absurdo, explicitou o que se procura ocultar: a natureza autoritária do projeto da guerra cultural bolsonarista.

Não é um acidente. É uma ponta de lança. É o motor do governo. O motor do governo é a guerra cultural.

Sempre que o governo anuncia uma medida, ou o próprio vídeo do Alvim, ao tentar voltar atrás joga a culpa em alguém, como a justificativa da "ação satânica" declarada pelo ex-secretário da Cultura. Chega a ser de fato um recuo?

Não é um recuo. É um reforço da guerra cultural. A primeira análise feita por Olavo de Carvalho e seus seguidores é risível, mas, pelo avesso, ilumina a dimensão paranoica do bolsonarismo: o que ocorreu com Roberto Alvim foi a demonstração concreta de que existe um aparelhamento de esquerda, logo o ex-secretário de Cultura teria sido sabotado. Como assim? É uma atitude absurda do Alvim. E tenta transformar-se a atitude absurda em uma confirmação do próprio absurdo.

Isto é, Alvim teria sido boicotado porque as instituições culturais estão aparelhadas pela esquerda, e há sabotadores de todos os lados. Em consequência, é preciso não abrir mão da estratégia de Roberto Alvim, mas intensificá-la, porém, de modo discreto. É de uma perversão absoluta.

A explicação do Alvim de que haveria uma força demoníaca é importante de ser entendida não como uma caricatura. Todo meu discurso supõe levar a sério essa questão. Qual é o segmento da população brasileira que aceita com enorme facilidade o argumento de que um equívoco de uma pessoa boa foi causado por forças demoníacas? Qual é a porção da sociedade que aceita esse argumento? Qual é a porção imensa da sociedade brasileira que tem uma imagem do cotidiano como uma batalha constante contra espíritos malignos e obsessores? A explicação do Roberto Alvim, que para mim é completamente inadequada e tola, é uma explicação que explicita outra característica da guerra cultural bolsonarista. É uma guerra cultural que fala dois idiomas.

A guerra cultural bolsonarista fala um idioma que afeta diretamente a professores universitários, artistas, escritores e intelectuais. Mas fala uma outra linguagem. Essa outra linguagem quem a domina é a Damares Alves.

E também o ministro da Educação. A guerra cultural também procura calar fundo com o público evangélico.

São aproximadamente 45 milhões de brasileiros que têm a imagem do dia a dia como de uma luta constante e permanente contra o mal. Essa visão do mundo acolhe muito bem a narrativa delirante da guerra cultural bolsonarista.

Isso explica por que a imagem da ministra Damares Alves é tão bem avaliada como integrante do governo junto aos apoiadores fiéis do presidente Jair Bolsonaro?

Não há dúvida nenhuma. Qual é a importância de Damares Alves no governo? Damares é um dos esteios da guerra cultural nessa batalha bifronte de falar dois idiomas. Para o público em geral, "vamos acabar com a balbúrdia nas universidades" e "vamos acabar com a Lei Rouanet". Da maneira como apresentam é propriamente absurdo, mas encontra eco em boa parte da população.

E tem outro tipo de batalha cultural que lança mão da ideia de guerra e de batalha do cotidiano, que é a visão de mundo de boa parte dos neopentecostais. Há uma batalha constante contra o "Maligno". Li o último livro do Edir Macedo, *Como vencer suas guerras pela fé: descubra como enfrentar suas batalhas do dia a dia*" (Unipro, 2019). Ao ler o livro, tudo para mim ficou claro.

A guerra cultural trabalha em vários níveis. Um nível que, em geral, os intelectuais de esquerda não se deram conta, atinge o público neopentecostal. Para os neopentecostais, sobretudo para a Igreja Universal do Reino de Deus, o mundo e o dia a dia são batalhas constantes.

Assisto com seriedade a todos os programas evangélicos para entender o que está acontecendo. Faça uma coisa. Se você puder, ao chegar em casa, assista a um programa evangélico. Você verá o tempo todo que, nas pregações, sermões e cultos, sempre há um inimigo a ser vencido. O inimigo, claro, é Satanás. As pessoas vão para o púlpito e relatam as suas batalhas cotidianas contra o Mal. Essa é uma das faces da guerra cultural que mais repercute.

É por isso que o senhor fala tanto em deixar a caricatura de lado e tentar caracterizar o fenômeno da guerra cultural bolsonarista?

Uma ministra como Damares Alves está constantemente em batalha contra a esquerda. É exatamente o que eles querem, que nunca passemos da caricatura.

Há quem diga que o governo sempre tenta tensionar a relação com a democracia no aguardo de uma resposta violenta da esquerda para justificar um ato mais duro. O senhor acredita que essa seja uma análise possível?

Não creio. Isso é uma incompreensão da guerra cultural bolsonarista. Em geral, alguém na minha posição não considera possível supor guerra cultural em um governo de incultos, que vive em hostilidade permanente com a língua portuguesa. As pessoas não levam a sério a guerra cultural bolsonarista. Acreditam que se trata de simples pretexto e de atitudes atrapalhadas de um conjunto de aloprados. Digo que não: é o eixo do governo. Esqueçamos as caricaturas que envolvem essas figuras, pensemos na caracterização dos seus projetos e dos seus atos.

Quando as pessoas perderam a capacidade de dialogar com o outro?

Teria de pensar com mais cuidado. Mas acredito que o primeiro momento em que isso começou a ocorrer foi a partir das manifestações de junho de 2013. Esse é um momento crucial na história, mas ainda não o compreendemos de todo. É em 2013 que um sentimento antissistêmico se torna dominante.

Bolsonaro é mais sistêmico do que a maioria dos deputados; ora, ele é o único político que tem três filhos que vivem de recursos públicos como políticos, que tem uma ex-mulher que se elegeu, que tem essa prática no mínimo curiosa de seus funcionários nos gabinetes, que "voluntariamente" abrem mão de seus salários... O político mais sistêmico é o Bolsonaro, que ficou 28 anos na Câmara e colocou a família inteira para receber salário público.

A grande inteligência de Bolsonaro foi captar o movimento antissistêmico, sendo ele o deputado mais sistêmico. Por que isso foi possível? Porque, no lugar de caracterizar o fenômeno Bolsonaro, passamos anos fazendo dele uma caricatura. Se tivéssemos tido o cuidado de caracterizar o fenômeno, mostrando que toda a família ganha salário público, talvez a história tivesse sido outra...

Toda a família do Bolsonaro vive do imposto que pagamos. Como se pode ser antissistema dessa forma?

Mas como perdemos anos fazendo caricatura do Bolsonaro, não caracterizamos o fenômeno.

Bolsonaro era tratado como piada no CQC, na Luciana Gimenez...

Enquanto isso, todos os filhos eram políticos. E quem pagava o salário dos filhos? Eu e você. Nós erramos o alvo.

Seria um mal da sociedade do meme, que se acostumou com uma comunicação rasa, fácil e engraçada?

Exatamente! O meme torna ocioso o ato de pensar e refletir. Não estou afirmando que o que digo seja a verdade. Não tenho a verdade. Proponho hipóteses em decorrência da gravidade da situação que vejo.

Até a eleição do Bolsonaro, tudo que fizeram foi caricatura. O que estou dizendo é que chegou o momento de abandonar a caricatura e passar à caracterização. Antes que seja tarde.

Da retórica do ódio à ética do diálogo[1]

Comecemos por algumas definições, ainda que iniciais. Como o senhor caracteriza a) a própria ideia de guerra cultural e b) a retórica do ódio?

Guerra cultural, em sentido amplo, é um fenômeno indissociável da modernidade – isso num entendimento mais generoso, isto é, que não seja refém da perversão bolsonarista, como escrita nos capítulos anteriores. Uma vez que se inaugura uma concepção do tempo que implica uma diferença qualitativa entre passado, presente e futuro, não somente a ideia de novidade se torna dominante, como também a disputa de valores se torna por isso mesmo inevitável. Afinal, para que o "novo" se imponha é preciso superar o que só agora se vê como "antigo". Nessa acepção, o próprio gênero literário da utopia já contém diversos elementos de futuras "guerras culturais", pois, pelo avesso, são textos que criticam a sociedade presente.

Em termos rigorosos, porém, a célebre Querelle des Anciens et des Modernes [Querela dos Antigos e dos Modernos], no século XVII, marcou o início de uma série

---

[1] Entrevista concedida a Gilberto Morbach, do blog *Estado da Arte*, do jornal *O Estado de S.Paulo*, e publicada em 30 de abril de 2020.

de conflitos que envolveram visões de mundo diversas. O século XVIII inglês teve sua versão dessa disputa na famosa Battle of the Books [Batalha dos Livros]. Claro, a Revolução Francesa foi longamente preparada pela guerra cultural desenvolvida pelos *philosophes* da Ilustração.

Vamos dar um salto vertiginoso no tempo? Assim, encontraremos o sentido dominante hoje em dia.

Em 1987, o professor de Filosofia Política Allan Bloom publicou o polêmico *The Closing of the American Mind*.[2] Ele associou a crise estadunidense ao empobrecimento do horizonte do ensino nas universidades: a "alma dos estudantes" estaria em perigo e, desse modo, comprometido o futuro da sociedade. Não é verdade que a cruzada contra as universidades é o sal da terra para o despreparado senhor que ocupa o ministério mais importante da República, o MEC?

Em 1991, o professor de sociologia e estudos religiosos James Davison Hunter lançou o ensaio *Culture Wars: The Struggle to Define America* [Guerras culturais: a batalha pela definição da América]. Aqui, o sentido é o mais comum atualmente. Guerras culturais seriam disputas narrativas

---

[2] Tradução do ensaio realizada em Portugal: *A cultura inculta: ensaio sobre o declínio da cultura geral – De como a educação superior vem defraudando a democracia e empobrecendo os espíritos dos estudantes de hoje* (Lisboa: Publicações Europa-América, 2001). O título pode ser livremente traduzido como *O declínio do espírito americano*. "*The closing of the mind*" implica o ensimesmamento da cultura universitária e o consequente declínio da cultura nacional, como o subtítulo explicita: *How Higher Education Has Failed Democracy and Impoverished the Souls of Today's Students*.

sobre a definição dos valores que deveriam orientar "família, arte, educação, lei e política", como enumera o subtítulo do livro. No Brasil de hoje, há quatro ministérios cuja função é levar adiante esse tipo de batalha: a) das Relações Exteriores; b) do Meio Ambiente; c) da Mulher, da Família e dos Direitos Humanos; d) da Educação. Infelizmente, o MEC transformou-se no quartel general de uma nefasta guerra cultural, o que explica a melancólica ineficiência que domina o ministério, que sequer consegue realizar uma execução orçamentária minimamente aceitável segundo os padrões do próprio histórico da pasta.

Contudo, sem ignorar esse movimento transnacional, proponho examinar quase que exclusivamente aspectos *brasileiros* da guerra cultural *bolsonarista*. Faço uma advertência: embora se relacione à onda internacional de ascensão da direita, ela tem traços exclusivamente nacionais. E estes são ameaçadores, pois dependem de uma posição revisionista, que nega os crimes da ditadura civil-militar e, ainda mais, busca, num cenário de democracia, atualizar a draconiana Doutrina de Segurança Nacional (DSN), cujo objetivo, como vimos nos capítulos anteriores, é a *eliminação do inimigo interno*.

Em palavras diretas: a guerra cultural *bolsonarista* é a ponta de lança de um projeto autoritário de matiz plúmbeo. Se não a compreendermos em seus próprios termos, a democracia será a primeira vítima. Em seguida, todos nós que nos opomos à violência bolsonarista e à destruição das instituições.

O instrumento da guerra cultural *bolsonarista* é a retórica do ódio.

Nesse sentido, na união desses dois conceitos, o senhor coloca a escalada autoritária como uma consequência necessária de um estado de guerra cultural. Gostaria que o senhor elaborasse um pouco mais sobre isso e, na mesma linha, falasse sobre a pauta que se impõe invariavelmente: essa escalada mesma em tempos de pandemia, em tempos de exceção que adquire ares de normalidade.

Vejamos em que consiste a retórica do ódio.

A retórica do ódio tem como único objetivo *eliminar simbolicamente* todo aquele que não repita as lições da seita. Daí seus dois traços dominantes: a *desqualificação nulificadora* do outro e a *hipérbole descaracterizadora* dos próprios atributos.

Desqualificação nulificadora: o outro é tornado paradoxalmente invisível pelo uso pouco criativo de palavrões – após presentear alguém com um colar de palavrões, por que levar essa pessoa a sério? Além disso, quem pensa de forma diversa é ridicularizado por meio de jogos infantis com seu nome. Isso para não mencionar a tediosa obsessão com referências sexuais monomaníacas.

Hipérbole descaracterizadora: a retórica do ódio abole o sentido mais elementar de proporção, impedindo a apreciação crítica das palavras do líder ou do guru, e, desse modo, estimula uma adoração de nítido caráter paranoico. Afinal, a adesão cega às narrativas delirantes de intrincadas teorias conspiratórias leva inevitavelmente à negação de dados objetivos e, em última instância, da realidade mesma.

As milícias digitais bolsonaristas levaram essa retórica do ódio a um patamar nunca visto na história nacional e realizam autênticos rituais vitimários em série. Não há aliado do governo Bolsonaro que não possa ser transformado no próximo bode expiatório de plantão, cujo sacrifício, realizado cruelmente, passo a passo, em fogo lento, favorece a constante excitação dos apoiadores do Messias Bolsonaro.

Para tudo dizer: o bolsonarismo é o primeiro movimento de massas da política brasileira cujo eixo é uma incitação permanente ao ódio como forma de ação. O resultado não pode ser outro: colapso da gestão pública e esgarçamento máximo do tecido social.

Ponto a ponto.

Colapso da gestão pública: no afã de inventar inimigos, o governo despreza dados objetivos elementares de todas as áreas da administração. Por isso, em lugar de buscar diagnósticos precisos de problemas concretos, o governo produz mais do mesmo, numa eterna luta ideológica, independentemente da área em tela: da educação ao desmatamento, da economia à prescrição de medicamentos, a guerra cultural troca efeito por causa e turva mais do que ilumina.

Dois exemplos apenas.

O ministro do Meio Ambiente nega que o desmonte do Ibama vá afetar o controle das queimadas na Amazônia; Ricardo Galvão, ex-diretor do Inpe, alerta sobre o crescimento alarmante dos índices de desmatamento, o presidente o elege "inimigo da semana" e o demite. Qual a consequência? Uma explosão do desmatamento e de queimadas cuja extensão provocaram um escândalo internacional.

O ministro do MEC insiste em considerar que a "lacração" contínua é a missão suprema de sua pasta. Não surpreende que, em uma decisão no dia 22 de março de 2020, o ministro do STF, Alexandre Moraes, tenha determinado que a fantástica quantia de 1 bilhão e 600 milhões de reais, obtida com a Operação Lava Jato, fosse transferida do MEC para o combate à pandemia do covid-19. A razão da transferência? Em 2019, o MEC recebeu 1 bilhão de reais e não gastou um centavo sequer, pois não apresentou projeto algum para o emprego dos recursos. Enquanto isso, o ministro segue "mitando" nas redes sociais.

Esgarçamento do tecido social: não há como resistir a um cotidiano eternamente agônico, definido por uma polarização que, fora do período eleitoral, se torna um pasto fértil para irracionalismos os mais variados, desde fundamentalismos religiosos a anticientificismos acéfalos. A atual crise na saúde produzirá o momento de maior tensão da história política brasileira desde a redemocratização, e nossa tarefa urgente é defender as instituições do acirramento do ânimo golpista do Messias Bolsonaro. Acrescente-se a esse cenário a própria pandemia e a posterior dificuldade de retomada do desenvolvimento econômico!

As perspectivas não são boas.

A guerra cultural, pelos motivos acima expostos, levará mais cedo ou mais tarde o governo Bolsonaro a um rotundo fracasso. Contudo, o processo de negação paranoica da realidade, substituída pela eleição neurótica de inimigos e de teorias conspiratórias, não pode ocultar o dado concreto inescapável do encontro com a finitude.

Em termos menos filosóficos: a Morte não é um meme; a Vida não se limita à disputa de narrativas. Toda a estrutura de poder bolsonarista entrará em colapso pela impossibilidade de seguir alimentando o latifúndio de robôs nas redes sociais com a máquina bolsonarista de notícias falsas. Milhões de mensagens podem ser enviadas nas correntes de WhatsApp ou nas redes sociais mantidas pela família Bolsonaro, mas, quando a pandemia se aproximar do dia a dia das pessoas, ficará evidente que não se trata de uma "gripezinha". E não haverá "lacração" que possa alterar esse brutal chamado à realidade. A morte deixará de ser uma sucessão de números, mero combustível para disputas narrativas, e adquirirá rosto; nesse momento, o bolsonarismo entrará em decadência inevitável, e quanto mais violenta for a reação da militância fanatizada mais próximo do final estará o fenômeno.

Eis então que se aproxima o momento de maior risco à democracia desde o golpe civil-militar de 1964.

O senhor menciona um papel bastante particular exercido por Olavo de Carvalho na construção dessa retórica do ódio enquanto estratégia da **guerra cultural bolsonarista**. *Qual é o nível de influência, e de* **responsabilidade** *do ideólogo nessas nossas circunstâncias de nosso tempo?*

Se minha hipótese estiver correta, em virtude da pandemia da covid-19, será inevitável a explosão de notícias falsas e o aumento exponencial de robôs para manipulação dos bolsonaristas, pois a impossibilidade de continuar negando a realidade somente produzirá um número ainda maior de notícias falsas. A linguagem será sempre mais violenta, e poderá mesmo produzir momentos de confrontos físicos em conflitos localizados, como os que lamentavelmente assistimos recentemente, com a covarde e inaceitável agressão a um casal em Porto Alegre por um grupo de bolsonaristas. Nesse contexto, insistir na retórica do ódio é de uma irresponsabilidade cívica inédita na história republicana, pois estamos no olho do furacão de uma crise mundial de saúde. Os vídeos que negam a existência de mortes causadas pela covid-19 são de uma torpeza sem limites e passarão para a História como um dos momentos mais vis da cultura brasileira.

Tudo pode ficar ainda pior: como a guerra cultural bolsonarista adapta os princípios da DSN, que preconiza a *eliminação física* do inimigo interno, e como para o bolsonarismo *inimigos são todos os que não são caninamente fiéis ao Messias Bolsonaro*, estamos próximos à terra em transe. Ou o governo abre mão dessa nefasta guerra cultural e finalmente apresenta à sociedade um projeto de país, ou logicamente o bolsonarismo terá de tudo arriscar num gesto de força rumo a um regime autoritário. Nesse potencial curto-circuito, incentivar ainda mais a retórica do ódio equivale a uma ação criminosa.

Nesse sentido, proponho uma hipótese, talvez ousada, mas a hora é de não ter medo de pensar: a reação esquizofrênica das massas bolsonaristas com o ídolo máximo de ontem, Sergio Moro, produzirá um colapso no mecanismo mais eficiente da retórica do ódio – a produção em série de bodes expiatórios. Não é possível em menos de 48 horas passar da veneração ao ex-juiz para sua mais completa execração. Claro, amor e ódio são duplos miméticos explosivos, mas, dessa vez, o bolsonarismo esticou a corda excessivamente. Há um paradoxo que o gabinete do ódio ignora e, ainda que dominasse, não poderia controlar. O mecanismo do bode expiatório é caprichoso: ele avança em espirais de complexidade crescente. O próximo bode expiatório deve ser hierarquicamente superior à vítima da véspera. Ora, depois de sacrificar o herói máximo, Sergio Moro, quem deverá ser o próximo bode expiatório?

Por isso mesmo, e pelo contrário, chegou a hora de pensar no país e não na própria tribo; chegou finalmente a hora de construir a nação que ainda não conseguimos formar, pois, em meio às desigualdades estruturais da sociedade brasileira, *nenhum Brasil existe*. Situação que a atual crise de saúde somente agrava, devido ao comportamento inacreditável de uma elite que, na comodidade e na proteção de carros luxuosos, exige que o trabalhador pobre volte à "normalidade", ou seja, que passe de três a quatro horas em transportes públicos lotados e desconfortáveis. E à pergunta incisiva de Carlos Drummond de Andrade "E acaso existirão os brasileiros?" podemos inventar uma resposta nova como forma generosa, visionária até, de reagir à pandemia da covid-19.[3]

Trata-se de apostar não na retórica do ódio, porém na *ética do diálogo*.

---

[3] Refiro-me ao poema-ensaio de Carlos Drummond de Andrade "Hino Nacional", que termina com um dos versos mais surpreendentes da poesia brasileira: "Nenhum Brasil existe. E acaso existirão os brasileiros?".

Uma de suas propostas, talvez a grande proposta por trás da pesquisa e de sua presença cada vez mais marcante no debate público, é a passagem da retórica do ódio para uma ética do diálogo. Quais são os elementos que constituem essa ética do diálogo e qual deve ser o papel dos chamados intelectuais públicos nessa nova lógica?

A retórica do ódio converte o *outro* num adversário, num *inimigo* a ser eliminado simbolicamente por meio da "lacração" ou do puro e simples silenciamento.

A ética do diálogo considera o *outro* um *outro eu*, cuja diferença somente amplia meu horizonte e, por isso, enriquece meu repertório existencial.

Desde 2013, a sociedade brasileira vive numa tensão crescente, materializada numa polarização a longo prazo suicida, mas que não parece arrefecer, porém escalar numa violência que ameaça sair de controle. Retornar à ética do diálogo é uma estratégia para a superação da crise.

E, se houver resistência nos tempos ásperos que correm, concluo com um poema de Carlos Drummond de Andrade, "O constante diálogo":

> [...]
> Escolhe teu diálogo
>   e
> tua melhor palavra
>   ou
> teu melhor silêncio.
> Mesmo no silêncio e com o silêncio
> dialogamos.

Como recusar o convite do poeta?

Retórica do ódio e
analfabetismo ideológico[1]

Nesta entrevista, João Cezar de Castro Rocha apresenta o que chama de dinâmica própria do movimento político que tem assolado o Brasil. Para ele, há uma estrutura de pensamento coesa que sustenta o atual presidente da República, através de uma visão de mundo bélica que se expressa em uma linguagem específica: a retórica do ódio. No calor da prisão do deputado federal bolsonarista Daniel Silveira (PSL-RJ), ocorrida em 16 de fevereiro de 2021, Rocha falou ao *Extra Classe*: "Precisamos substituir a retórica do ódio pela ética do diálogo".

***

O senhor afirma que Bolsonaro foi eleito legitimamente para a presidência do Brasil, mas que desde o dia da sua posse tem desconstruído essa legitimidade. Por quê?

Esse é um paradoxo constitutivo do projeto bolsonarista. Jair Messias Bolsonaro chegou ao posto máximo da

---

[1] Entrevista concedida a Marcelo Mena Barreto, do *Jornal Extra Classe*, e publicada em 9 de março de 2021.

República por meio de eleições democráticas; portanto, no começo de seu governo possuía uma legitimidade que não deve ser negada. Ora, aceitar a derrota do candidato que apoiamos é condição indispensável do jogo democrático. Em alguma medida, a crise atual principiou com a ação irresponsável do candidato derrotado em 2014, Aécio Neves, e suas ações para estorvar o segundo mandato de Dilma Rousseff. Ao mesmo tempo, as ações do governo Bolsonaro pretendem destruir o legado da Constituição de 1988 e, para tudo dizê-lo, sinalizam uma pulsão autoritária que é absolutamente ilegítima numa democracia. A condução desastrosa, criminosa até, no enfrentamento da pandemia da covid-19 retirou do governo o fiapo de legitimidade que ainda lhe restava. Um presidente eleito democraticamente torna-se ilegítimo se suas ações atentam contra a democracia – esse é o caso de Bolsonaro.

O senhor também diz que o bolsonarismo se estrutura sob uma visão de mundo bélica, expressa na retórica do ódio, segundo a qual o adversário tem que ser eliminado. Ele fala em sobretaxar as redes sociais, que alguns jornais não deveriam circular etc. É, digamos, um discurso que atinge o lado mais primitivo do ser humano, mas que está presente. Como se combate isso?

Esse é um fenômeno transnacional e que favoreceu de forma decisiva a ascensão de governos de extrema direita em todo o mundo. Já passamos da hora de dizer as coisas pelo nome próprio: a pauta de costumes da Damares Alves não é conservadora, mas reacionária; Jair Messias Bolsonaro não é um político de direita, porém de extrema direita. O desafio atual envolve outro paradoxo: as redes sociais são o mais sofisticado meio de comunicação jamais inventado, pois elas propiciam o "milagre da simultaneidade": uma ação ocorre, é transmitida no exato instante de sua ocorrência, e essa mesma ação é recebida e interpretada enquanto ainda está ocorrendo! E essa interpretação imediata gera novas ocorrências, que têm lugar nas próprias redes sociais. Contudo, essa espiral produz uma violência simbólica que somente cresce: como lidar com essa energia explosiva? Eis o paradoxo; a fim de lidar com a tecnologia mais sofisticada, recorre-se ao padrão mais primitivo de todos: o mecanismo do bode expiatório, que permite canalizar o ódio contra um alvo fixo, disciplinando a violência. Repare bem: não é verdade que o bolsonarismo não sobrevive sem a invenção constante de inimigos que devem ser expiados em rituais nas redes sociais? O que fazer? Ofereço uma alternativa na resposta à última pergunta.

Por falar em retórica do ódio, às vezes o presidente fala uma coisa e logo após volta atrás, numa espécie de morde e assopra. O que seria isso? Somente testar limites?

Em alguma medida, sim; limites serão constantemente testados, pois o projeto bolsonarista pretende impor uma "democracia iliberal" ou uma "democratura", conceito preciso proposto por Ruy Fausto.[2] Em outras palavras,

---

[2] FAUSTO, Ruy. Depois do temporal. In: *Democracia em risco?* São Paulo: Companhia das Letras, 2019.

o projeto bolsonarista implica lançar mão de instituições democráticas – eleições livres, liberdade de expressão, imunidade parlamentar etc. – para destruir a democracia desde o seu interior. Precisaremos estar constantemente atentos e fortes: a forma do bolsonarismo é o golpe, no caso, um autogolpe, como, aliás, já ocorreu na história republicana. Em 1937, Getúlio Vargas impôs a ditadura do Estado Novo (1937-1945) por meio de um autogolpe, pois ele já era presidente. A seu modo, a renúncia de Jânio Quadros em agosto de 1961 incluía um arriscado cálculo de retorno nos braços do povo e, por isso, com poderes autocráticos: um autogolpe, pois. Durante a ditadura civil-militar (1964-1985), após o impedimento do general Artur da Costa e Silva por motivo de doença em agosto de 1969, o vice-presidente, o civil Pedro Aleixo, foi impedido de assumir a presidência. Os ministros das três Forças Armadas assumiram o poder de 31 agosto a 30 outubro de 1969, quando a Junta foi substituída pelo general Médici, em cujo governo a repressão alcançou níveis só comparáveis aos piores momentos do Estado Novo. Portanto, o autogolpe não é exceção na cultura política nacional... Eis o projeto bolsonarista!

O senhor também diz que existe uma coesão no discurso bolsonarista. Realmente, o que mais vemos é gente da base de apoio do presidente fazer uma espécie de malabarismo para sustentar essas idas e vindas de que falamos há pouco. No entanto, isso não gera desgaste na ponta, no cidadão comum?

O bolsonarismo, associado ao ensino de Olavo de Carvalho, consiste num sistema de crenças com alto nível de coesão interna – e precisamos reconhecê-lo. Ademais – e esse tema é central, embora negligenciado com frequência –, a produção de estimulações contraditórias é uma das técnicas mais eficientes na criação de fidelidade canina de fiéis de uma seita a seu guru ou de militantes de uma causa política a seu líder. Deseja uma fonte? O parágrafo treze do livro *O jardim das aflições* (1995), de Olavo de Carvalho, discute, em treze páginas muito bem escritas, modos de manipulação psíquica coletiva.[3] Numa expressão: lavagem cerebral! O principal instrumento para acelerar o processo de influenciar corações e mentes? Fornecer doses elevadas de estimulações contraditórias. Um único exemplo? O ex-Sergio Moro, antes de sair do governo, era o herói da raça, o juiz capa e espada da República; imediatamente após sua saída do Ministério da Justiça, ele se tornou um reles traidor! A estratégia bolsonarista é muito bem calculada.

Outros elementos da retórica bolsonarista são as suas pautas de costumes e teorias conspiratórias. Isso, aliás, sempre esteve presente em governos de extrema direita, no nazismo e no fascismo, não?

De fato, o triunfo eleitoral de Bolsonaro é incompreensível sem a adesão do deputado federal do baixo clero à pauta dos costumes, que ele reuniu a um anticomunismo

---

[3] CARVALHO, Olavo de. *O jardim das aflições: de Epicuro à ressurreição de César – ensaio sobre o materialismo e a religião civil*. 3. ed. Campinas: Vide Editorial, 2015, p. 105-118.

bolorento de almanaque da Guerra Fria. Na reconstrução que fiz do percurso de Bolsonaro rumo ao Planalto, na Introdução, a mescla dos dois elementos foi decisiva. O mais surpreendente: essa junção se materializa pela primeira vez com grande impacto na malograda candidatura de Bolsonaro à presidência da Câmara dos Deputados em fevereiro de 2011. No discurso do candidato, quais foram os principais pontos de sua proposta? Atacar a Comissão Nacional da Verdade e denunciar o (inexistente) "kit gay"! Em 2011, Bolsonaro havia entendido que precisava ampliar seu perfil, que até então se limitava aos interesses corporativos dos militares e das forças de segurança. A pauta de costumes foi seu passaporte para se apresentar como um político de alcance nacional. Entender esse movimento me parece mais importante do que aplicar rótulos que, no fundo, já foram tão usados que não têm mais força semântica.

Bolsonaro, nessa releitura, bebe no trumpismo. Como ele consegue sustentar um discurso de nacionalista para a sua base mostrando tanta subserviência a Trump, batendo continência para a bandeira estadunidense, por exemplo?

Reitero um ponto: o bolsonarismo foi muito fortalecido pelo "sistema de crenças Olavo de Carvalho". Faço questão de ressaltar: trata-se de um "sistema de crenças". Em outras palavras, a adesão ao projeto bolsonarista é integral e aceita todos os seus termos, ainda que eles sejam contraditórios. Por isso evoco o conceito de "dissonância cognitiva", tal como foi desenvolvido por Leon Festinger, para entender o Brasil contemporâneo.[4] E proponho um conceito novo, "analfabetismo ideológico" O analfabetismo ideológico não supõe a existência objetiva de uma dificuldade (no limite, a impossibilidade) de interpretar um texto simples – isso para não pensar em formulações complexas que, para o analfabeto funcional, são verdadeiramente indecifráveis. Pelo contrário, em geral, o analfabeto ideológico tem boa formação, não enfrenta dificuldade alguma para interpretar textos elaborados e na maior parte dos casos possui uma boa expressão oral. Seu problema, portanto, não é de ordem cognitiva, porém política: ele reduz o mundo, qualquer texto e todas as informações que recebe ao papel de simples projeção de suas concepções políticas. O resultado é a ágora precária do Brasil pós-político: o caos cognitivo bolsonarista.

Voltando ao deputado Daniel Silveira, o senhor diz que a visão bolsonarista busca a atualização da Lei de Segurança Nacional (LSN) em tempos democráticos. Não é uma ironia ele ser preso e denunciado com bases na própria LSN gerada no período ditatorial (risos)?

Mas atenção, todo cuidado aqui é pouco! Analisemos com objetividade os dezenove minutos do vídeo que levou o deputado à prisão. Perceba-se a espiral da violência verbal: à medida que o vídeo avança, a agressividade somente cresce, e a tal ponto que o próprio deputado "esclarece" duas vezes

---

[4] Ver, neste livro, a Introdução e, especialmente, o capítulo "Dissonância cognitiva e bolsonarismo: realidade paralela na veia", p. 83.

que está exaltado. A metáfora a que recorre é reveladora (e inaceitável): literalmente, a "surra" que seria aplicada aos ministros do STF pelo "povo" evoca e sugere nada menos do que um linchamento! O meio mais primitivo que se conhece para disciplinar a violência gerada pela mesma linguagem empregada pelo deputado. Isso não é tudo: o ataque frontal ao Judiciário é parte da estratégia golpista que define a forma do bolsonarismo. Se o STF for manietado, a democratura estará instalada. E há mais: a mentalidade de Bolsonaro foi definida pela LSN de setembro de 1969, a lei vigente na época de sua formação militar, que ocorreu entre 1974 e 1977. Na LSN de 1969, a palavra morte aparece 32 vezes! E a pena de morte é prescrita em 14 artigos. Mais do que uma LSN, trata-se de um culto à morte. Qual a base da LSN de 1969? A ideia de que o mundo se divide entre os meus e os que me são próximos ou, no caso da franquia-Bolsonaro, cúmplices, e todos os outros são vistos como *inimigos internos* que devem ser eliminados. Não há aí uma definição completa do bolsonarismo?

É em casos como esses que o bolsonarismo se assemelha realmente a algo caricato, uma caricatura. A exemplo do cara que pede o AI-5, mas depois que é preso diz que está sendo tolhido em sua liberdade de expressão (risos). O senhor, no entanto, advoga que existe um equívoco aí, não?

Se não vejo mal, esse equívoco preparou o caminho para o triunfo eleitoral de Jair Messias Bolsonaro em 2018, e pode até favorecer sua reeleição. Como já disse mais de uma vez, precisamos passar da caricatura do personagem

Bolsonaro à caracterização do bolsonarismo. Precisamos esquecer a figura do presidente; não podemos ser reféns do bolsonarismo e passar quatro anos em disputas narrativas que somente mantêm a retórica do ódio em plena circulação. Sejamos modestos (no fundo, realistas): os bolsonaristas são mestres na fabricação de fatos alternativos (*alternative facts*) e na difusão de notícias falsas (*fake news*). E eles estão muito à frente na manipulação das redes sociais e, sobretudo, do WhatsApp. Como caracterizar o bolsonarismo? Trata-se de um movimento político de massas, com incomum capacidade de instrumentalizar o ressentimento coletivo e a pulsão antissistêmica, mantendo seus apoiadores em estado de mobilização permanente por meio da retórica do ódio e da invenção de inimigos em série. É um movimento não somente autoritário, como também fundamentalista, já que não admite a presença da alteridade, pois todo aquele que não seja espelho das convicções do líder torna-se um inimigo interno a ser imediatamente eliminado.

"O Brasil é laboratório de criação de uma realidade paralela"[1]

O Brasil assiste à consolidação das condições para a instauração de um estado totalitário fundamentalista religioso. Este é o propósito da extrema direita brasileira, encabeçada por Jair Bolsonaro, que compartilha as mesmas estratégias de seus aliados transnacionais: o uso das plataformas de mídias digitais para a produção da dissonância cognitiva coletiva, um Brasil paralelo que fratura a espinha dorsal dos valores verdadeiramente cristãos e democráticos. A avaliação é do pesquisador e professor João Cezar de Castro Rocha, ensaísta e professor titular de literatura comparada na Universidade do Estado do Rio de Janeiro (UERJ) e autor de *Guerra cultural e retórica do ódio* (Caminhos, 2021).

"Está acontecendo diante dos nossos olhos. E há dezenas de milhões de brasileiros que parecem não compreender o perigo. E muitos desses brasileiros e brasileiras são pessoas que nós conhecemos, alguns são nossos parentes,

---

[1] Entrevista concedida a Bertha Maakaroun, do *Estado de Minas*, e publicada em 21 de outubro de 2022.

não são pessoas más, de cuja índole se pudesse suspeitar que apoiariam o que está ocorrendo. É um processo de lavagem cerebral coletiva, é um processo de criação de dissonância cognitiva coletiva", afirma o professor. "Nunca estivemos numa situação tão grave na história da República. Estamos hoje no Brasil em 1913, do filme alemão A fita branca (Michael Haneke, 2010), a geração que, posteriormente, participou da ascensão do nazismo. Estamos vendo pessoas que conhecemos e respeitamos e jamais imaginamos que pudessem ser cúmplices de um projeto totalitário de poder", salienta o professor.

***

Como estudioso da extrema direita no Brasil, que avaliação você faz dos resultados das eleições presidenciais?

Do ponto de vista pessoal, Jair Bolsonaro não é vitorioso, é um sobrevivente do primeiro turno: foi o grande derrotado e o primeiro presidente de toda a história da Nova República que, buscando a reeleição, não passou ao segundo turno em primeiro lugar. Por outro lado, do ponto de vista político partidário, o bolsonarismo foi vitorioso, com a eleição para o Senado de Damares Alves no Distrito Federal, de Marcos Pontes em São Paulo e de Hamilton Mourão no Rio Grande do Sul, entre outros nomes. Isso quer dizer que em 2018 Bolsonaro elegeu um grande número de parlamentares, governadores e senadores, mas em 2022, pelo contrário, quem sustentou Bolsonaro foi o bolsonarismo. Isso exige compreender que alguns valores bolsonaristas se enraizaram na sociedade brasileira.

Qual é o projeto político da extrema direita no Brasil?

Criar as condições para instaurar um estado totalitário e fundamentalista do ponto de vista religioso. E a estratégia para alcançar esse propósito passa pela midiosfera digital e a produção de dissonância cognitiva coletiva. No Brasil, a dissonância cognitiva coletiva tornou-se esteio de um projeto político totalitário, o bolsolavismo, que mira a despolitização da *pólis*, desviando com falsas notícias o debate dos temas que realmente importam. O Brasil é um laboratório mundial de criação metódica de realidade paralela. O que a extrema direita tem feito no plano da política é a despolitização do debate público para avançar o projeto político totalitário de eliminação completa do adversário ou do outro que resiste. Em algumas circunstâncias, o projeto é mesmo teocrático. E como isso se realiza? Produzindo a dissonância cognitiva coletiva pela instrumentalização da midiosfera extremista. Por que as redes sociais são o sal da terra para a extrema direita? Trata-se de trazer para o campo da política o alto nível de engajamento das redes sociais. Ora, qual é a finalidade da eterna guerra cultural da extrema direita? Não é mudar o voto do campo adversário! Estão preocupados unicamente em aumentar sua presença nas redes sociais, com conteúdo abjeto, absurdo, pois essa presença pode se materializar em votos, capturando o campo dos indecisos. Quando isso acontece de forma vertiginosa? Na véspera das eleições, faltando poucos dias. A dissonância cognitiva coletiva é uma temível máquina eleitoral pela transferência para a política da alta intensidade de engajamento das redes sociais. É um engajamento em torno da desinformação e de teorias conspiratórias. Na iminência do segundo turno das eleições, a midiosfera extremista transformou-se em uma usina sórdida de desinformação, e seus artífices incorrem nos mais variados tipos criminais como se apostassem todas as fichas na impunidade.

O que diz a bibliografia internacional sobre a dissonância cognitiva?

O psicólogo social estadunidense Leon Festinger publicou em 1957 um clássico chamado *Uma teoria da dissonância cognitiva*. Acrescento ao conceito da dissonância cognitiva de Festinger a perspectiva *coletiva* que está associada à capacidade da produção de conteúdo das redes sociais. Dissonância cognitiva é um desconforto subjetivo causado pela consciência da distância entre crenças e comportamentos, e ocorre sempre que há uma distância entre aquilo em que acreditamos e a maneira pela qual nos comportamos. Não há ser humano que não viva com certo grau de dissonância cognitiva. Diz Festinger que, quando essa dissonância cognitiva começa a incomodar, há mecanismos para reduzi-la. São dois mecanismos principais, e você verá neles o próprio bolsonarismo e a extrema direita de uma forma pervertida. Festinger oferece o famoso exemplo do médico que fuma: ninguém melhor do que ele saberá que o tabagismo faz mal à saúde. Então o que faz o médico? Ou recusa fontes que demonstram cientificamente que o tabagismo é maléfico ou, pelo contrário, ele só busca fontes que amenizam essa informação. Ou você recusa uma informação que contraria a sua crença, ou você busca uma informação que reforça o que você já pensava. É a própria midiosfera extremista! Agora, aqui, a coisa fica mais complexa, pois, segundo Festinger, sempre agimos para reduzir a dissonância cognitiva, não para aumentá-la ou cristalizá-la. Então o que está acontecendo com o bolsonarismo é a cristalização, a consolidação de um Brasil paralelo.

O que caracteriza o fenômeno no Brasil?

As pessoas que voluntariamente se submetem à midiosfera extremista estabelecem um pacto: somente se informar na midiosfera extremista, e nunca aceitar nenhuma fonte outra que não seja a própria midiosfera extremista. Então não há mais possibilidade objetiva de se demonstrar que há erro nessas informações, porque todas as outras fontes de informação foram desqualificadas e vedadas. Hoje, no Brasil, contamos com dezenas de milhões de brasileiros e brasileiras que estão vivendo na ilusão, estão realmente convencidos de todo conteúdo dessa usina de desinformação, dessa máquina tóxica de produção de conteúdo com base em *fake news* e teorias conspiratórias. Para dizer de forma mais simples: essas pessoas estão vivendo numa dimensão paralela. Tenho uma hipótese: o bolsonarismo, como fenômeno de massa enraizado em diversos setores da sociedade, é a manifestação no Brasil de uma onda transnacional que levou a extrema direita a conquistar o poder por meio do voto em várias partes do mundo. A extrema direita está à frente em relação ao campo progressista no que se refere à compreensão profunda da forma do mecanismo do universo digital. O que ela tem feito? A inédita criação da dissonância cognitiva coletiva deliberada por meio de um conteúdo coordenado e estrategicamente produzido para desinformar e fazer circular teorias conspiratórias e *fake news*. O universo digital e as redes sociais possibilitaram isso, e não é casual o fato de que sejam as redes sociais e plataformas digitais os principais instrumentos de divulgação da extrema direita bolsonarista.

O que ocorre quando a pessoa que vive nessa dimensão paralela é confrontada pela realidade brutal da vida, que contradiz a narrativa dominante desta midiosfera?

Em 1956, Leon Festinger, Henry Riecken e Stanley Schachter publicaram o livro *When Prophecy Fails*, que responde à sua pergunta. Trata-se de um caso que aconteceu em Chicago, em 1954, quando uma pacata dona de casa, Dorothy Martin, começou a receber supostas mensagens de extraterrestres de um planeta chamado Clarion. Em torno de Martin foi formada a Fraternidade dos 7 Raios, que acreditava no conteúdo das mensagens: anunciava-se que, em 21 de dezembro de 1954, ocorreria um dilúvio de proporções bíblicas que destruiria boa parte da Terra. Contudo, um disco voador pousaria no quintal de Martin e resgataria aqueles que atendessem a seu chamado. Festinger e pesquisadores associados conseguiram se infiltrar na seita. Na anunciada data, em 21 de dezembro de 1954, os adeptos da Fraternidade foram ao jardim da casa de Martin. A madrugada chegou, e o disco voador não pousou. Mas em 22 de dezembro de 1954 o que aconteceu? Martin anunciou ter recebido novas mensagens do planeta Clarion e voltou com uma informação alentadora para os adeptos da seita: o dilúvio não aconteceu porque a energia positiva concentrada pelos integrantes da Fraternidade impediu a catástrofe. Em outras palavras, em lugar de a profecia fracassar, o fracasso da profecia foi racionalizado, e os adeptos da seita se tornaram salvadores do mundo.

Que analogia pode ser feita entre esse caso de 1954 nos Estados Unidos e os eventos de massa convocados pelo bolsonarismo com a promessa de execução de golpes contra as instituições democráticas, como o movimento de 7 de Setembro, que não se concretizam?

O que aconteceu em Chicago é o que assistimos hoje no movimento bolsonarista. Os adeptos da Fraternidade não abandonaram suas convicções, muito antes pelo contrário: racionalizaram o fracasso da profecia e dobraram a aposta, considerando ter sido a sua ação que teria prevenido a ocorrência do dilúvio. A última frase do livro é espantosa e inaugura uma radicalidade para a qual o próprio Festinger não estava preparado, mas que explodiu no século XXI: "Eventos conspiraram para oferecer aos membros da seita uma oportunidade verdadeiramente magnífica para que crescessem em números. Tivessem sido mais efetivos, e o fracasso da profecia poderia ter sido o começo, não o fim".[2] A publicidade gerada pelo malogro da profecia teria permitido converter o insucesso em fator de crescimento, em uma fase inédita de expansão da Fraternidade, em lugar de seu desaparecimento, o que só não ocorreu por não terem sido muito efetivos. Festinger conclui: "Um homem convicto é resistente à mudança. Discorde dele, e ele se afastará. Mostre fatos e estatísticas, e suas fontes serão questionadas. Recorra à lógica, e ele não entenderá sua perspectiva".[3] Se você acrescentar a essa certeza paranoica o caráter coletivo da poderosa midiosfera da extrema direita, temos o caos cognitivo transformando-se em realidade alternativa. É o que vivemos no Brasil hoje.

Se argumentos objetivos não são assimilados pelos participantes da midiosfera extremista – e o filme Não olhe para cima *representa bem esse fenômeno –, o que pode ser feito para recuperar a perspectiva comum dos fatos na sociedade?*

É possível demonstrar objetivamente que uma parte considerável da campanha bolsonarista é baseada em erro. Mas se permanecermos na chave do erro objetivo, nunca compreenderemos o fenômeno. Para compreendê-lo, é preciso resgatar uma distinção entre "erro" e "ilusão" que Freud propôs em um ensaio de psicologia social muito

---

[2] FESTINGER, Leon; RIECKEN, Henry W.; SCHACHTER, Stanley. *When Prophecy Fails: a Social and Psychological Study of a Modern Group that Predicted the Destruction of the World*. New York: Harper & Row, 1956, p. 233.

[3] *Ibidem*, p. 3

importante, *O futuro de uma ilusão*. Erro está no campo do objetivo, e pode ser demonstrado. Mas, diz Freud, o importante para compreender a sociedade não é o erro; o importante é a ilusão, a projeção de um desejo. Quando estou diante da ilusão, pouco importa se posso demonstrar para a pessoa iludida que, do ponto de vista objetivo, há um erro. Dessa forma, um homem que se casou três vezes porque sistematicamente trocou a esposa mais velha por outra mais jovem; um homem que, no seu último filho homem, teria concordado com o aborto ou deixado a questão para a decisão da mulher; um homem que foi incapaz de visitar um único hospital quando nos aproximamos de setecentos mil mortos; um homem que nunca, nem simbolicamente, foi à casa de uma pessoa com parentes vítimas de covid-19 para expressar solidariedade, um gesto de compaixão. E ainda riu, imitou de maneira satânica uma pessoa morrendo asfixiada. E ainda assim os cristãos mantêm a ideia de que ele protegerá a família cristã, a própria família que ele não soube manter. Não estamos aqui no plano do erro, mas no plano da ilusão, a primeira hipótese. Trata-se da projeção de um desejo. E o desejo é de que as teorias conspiratórias e as *fake news* que circulam na midiosfera extremista, e que são confirmadas, por exemplo, pela rádio Jovem Pan, sejam a pura expressão da verdade.

Como é o processo de cooptação e manutenção das pessoas dentro dessa midiosfera extremista?

A midiosfera extremista é uma poderosa máquina de desinformação, talvez a maior da história da humanidade.

É composta por cinco elementos: as correntes de WhatsApp; o circuito integrado de canais de YouTube com capacidade tóxica de desinformação; as redes sociais; os aplicativos, como o Mano, cujo garoto propaganda é Flávio Bolsonaro; e um aplicativo do Facebook, a TV Bolsonaro. O que se produz 24 horas e 7 dias por semana é conteúdo audiovisual de adesão incondicional a Bolsonaro. E há o quinto elemento, que é muito grave; como metonímia do processo, cito a Rádio Jovem Pan. Por esse veículo, todas as teorias conspiratórias e as *fake news* que circulam na midiosfera extremista são legitimadas porque são reproduzidas nesse veículo fora da midiosfera. Bolsonaro passou boa parte de seu governo atacando instituições democráticas, universidades, professores, a ciência, a imprensa e jornalistas. Líderes populistas atacam instituições e o conhecimento porque buscam, nesse processo, se beneficiar da transferência da autoridade simbólica dessas instituições e pessoas que trabalham com a informação e o conhecimento. A transferência de autoridade está bem trabalhada por Freud no clássico *Psicologia das massas e a análise do eu*, de 1921, em que se descreve a relação de submissão das massas a um líder ao qual se atribui autoridade infalível, e que há nessa submissão um aspecto libidinal, ligado ao prazer. No caso de Freud, o líder é uma espécie de imã, o que implica subordinação da massa. Isso certamente é modelo perfeito para se pensar uma sociedade em que havia um centro emissor de conteúdo e uma massa receptora passiva desse conteúdo. O modelo freudiano de 1921 é interessantíssimo para pensar e antecipar de maneira notável o que ocorreu com o nazismo e o fascismo. No momento em que vivemos, contudo, há uma diferença fundamental: hoje, o modelo de um centro irradiador para uma multidão receptora e passiva não dá mais conta da complexidade do presente. Há uma outra chave, um pouco diferente. Assim como a extrema direita mundial, o bolsonarismo investe numa campanha de conteúdo e microdirecionamento digital. Nesse sentido, de fato, é um equívoco imaginar que as redes sociais sejam horizontais, pois as grandes plataformas fazem o papel do elemento verticalizador: determinam a lógica do algoritmo e as políticas aceitáveis de comportamento no interior das redes. Por isso, imaginar algo exclusivamente horizontal seria ingênuo, pois não estaríamos levando em consideração o poder que as grandes corporações e plataformas possuem. Além disso há, no interior da midiosfera, a circulação sem cessar de uma produção audiovisual que difunde o sistema de crenças bolsolavista, com exortação incessante aos golpes de Estado e à eliminação física de adversários, entre outras teorias conspiratórias. Os integrantes compartilham e reproduzem horizontalmente em suas redes esse conteúdo estrategicamente elaborado.

Quais são as semelhanças em relação à forma de operação da midiosfera bolsonarista com outros populistas da extrema direita mundial?

Nas décadas iniciais do século XXI, o grande fenômeno político foi o avanço transnacional da extrema direita pelo voto, empregando as mesmas narrativas retóricas. Não se trata mais de uma extrema direita que conquista poder pela botina e pelo tanque, mas que, na primeira eleição, chega ao poder seduzindo o eleitorado e conquistando corações e mentes. Uma vez no poder, a extrema direita passa a enfraquecer e corroer as instituições democráticas. É a mesma estratégia de argumentação e conteúdo que foi usado por Rodrigo Duterte nas Filipinas, por Donald Trump nos Estados Unidos, por Viktor Orbán na Hungria, por Andrzej Duda na Polônia, por Jair Bolsonaro no Brasil. Então, existe certo nível de coordenação. Steve Bannon, antes de ser preso por ter feito rachadinha ou rachadão com dinheiro arrecadado numa campanha chamada "We Build the Wall", criou "The Movement", uma espécie de Internacional da extrema direita. Viajou para vários países da Europa, organizando seminários e conhecendo lideranças jovens para organizar ações combinadas e programadas. A extrema direita transnacional conta com o apoio maciço das megaplataformas e do capital internacional. Por que ela tem sido tão poderosa nas duas primeiras décadas do século XXI? Porque aprendeu a combinar o incombinável: a verticalização com a horizontalidade. Combina uma estrutura das redes digitais que, na aparência do exercício cotidiano, é horizontal, mas é verticalizada tanto na produção do conteúdo quanto na configuração dos algoritmos que definem o seu alcance. Essa é a força da extrema direita no mundo e da extrema direita bolsonarista. Hoje o bolsonarismo, assim como a extrema direita transnacional, criou uma nova profissão: o MEI, "microempreendedor ideológico". Há muitas pessoas ganhando dinheiro com radicalização política em seus canais no YouTube.

Como recuperar a consciência coletiva no Brasil?

O Brasil vive uma situação grave, nunca estivemos numa situação tão grave na história da República. E a analogia final que faço é esta: hoje no Brasil estamos em 1913, o ano do filme *A fita branca*, que retrata a futura geração que viverá a ascensão do nazismo. Estamos vendo pessoas que conhecemos e respeitamos, e jamais imaginamos que pudessem ser cúmplices de um projeto totalitário de poder. O Brasil precisará de pelo menos uma década para tentar remediar o malefício causado pelo ensinamento da retórica do ódio e da lógica da refutação de Olavo Carvalho, que tornam o debate impossível. Vamos enfrentar dezenas de milhões de brasileiros e brasileiras enredados numa realidade paralela. Vamos ter de trabalhar muito.

"Em ilusão, bolsonaristas são confrontados pela realidade"[1]

O bolsonarismo em dissonância cognitiva coletiva se aproxima de um momento traumático: o choque frontal com a realidade. A avaliação é do ensaísta João Cezar de Castro Rocha, estudioso do comportamento da extrema direita no Brasil. Ele lembra que centenas de grupos de WhatsApp e Telegram mantidos para apoiar Jair Bolsonaro fizeram circular a notícia falsa de que, ao final de míticas 72 horas após a proclamação da vitória eleitoral de Lula – encerradas nesta quinta-feira, 3 de novembro –, as Forças Armadas agiriam e, por meio de um golpe, manteriam Bolsonaro no poder.

"Como a profecia falhou, a primeira reação é a racionalização do fracasso. É o que estão fazendo quando buscam justificativas em leituras de mensagens de Bolsonaro pretensamente cifradas. E o que acontecerá quando a profecia falhar outra vez? Creio que haverá uma diáspora da maioria. Restará um núcleo radicalizado que seguirá até as últimas consequências", considera o pesquisador, assinalando que esse núcleo deverá ser criminalizado e responsabilizado: "A maior parte tenderá a se afastar,

---

[1] Entrevista concedida a Bertha Maakaroun, do *Estado de Minas*, e publicada no dia 3 de novembro de 2022.

porque profecias que não se cumprem em algum momento se esgotam: não é possível eternamente racionalizar ou adiar a sua realização".

Nos eventos que se seguiram à eleição de Lula, há um farto material para os estudos comportamentais sobre a extrema direita brasileira, em dissonância cognitiva coletiva. A hipótese foi descrita por Castro Rocha em entrevista concedida em 21 de outubro ao caderno Pensar, do *Estado de Minas*, dias antes do segundo turno das eleições presidenciais. "Há um fenômeno inédito: a produção de dissonância cognitiva coletiva deliberada por meio das facilidades propiciadas pelo universo digital e pelas redes sociais", afirma o pesquisador, que lançará livro em 2024 sobre a dissonância cognitiva coletiva. Segundo João Cezar de Castro Rocha, no circuito interno da midiosfera extremista, milhões de pessoas são aprisionadas e passam a viver numa realidade paralela.

Confirmando a análise do pesquisador sobre a criação de uma realidade paralela, foram registradas nos últimos dias reações extremas de apoiadores do atual presidente da República, derrotado nas urnas no último domingo. Alguns vibraram, se ajoelharam e até choraram com a leitura do "ofício" que informava a "prisão" de Alexandre de Moraes, o que nunca ocorreu; anunciaram a "eleição de Bolsonaro com 61% dos votos", o que, por óbvio, também jamais aconteceu. Outros bolsonaristas também chegaram a orar, em rodovia federal, para um pneu ao centro do círculo da fé.

"Todos esses episódios são a demonstração concreta de que essas pessoas não estão em erro. Mas recordando a distinção de Freud, estão em ilusão, pois a ilusão é sempre a projeção do próprio desejo", acredita Castro Rocha, em referência ao ensaio de psicologia social *O futuro de uma ilusão*, em que o pai da psicanálise demonstra que o erro está no campo do objetivo e pode ser demonstrado. Contudo, para compreender a sociedade, o importante é compreender a ilusão, a projeção de um desejo. "Quando estou diante da ilusão, pouco importa se posso demonstrar para a pessoa iludida que, do ponto de vista objetivo, há um erro. Trata-se da projeção de um desejo. E o desejo é de que as teorias conspiratórias e as *fake news* que circulam na midiosfera extremista, e que são confirmadas pela Rádio Jovem Pan, sejam a pura expressão da verdade", lembra o pesquisador.

Para João Cezar de Castro Rocha, na dinâmica própria desses movimentos messiânicos, se há um líder que muito promete e nunca cumpre, o próprio líder pode se tornar o bode expiatório dos seguidores. "Talvez estejamos assistindo a um momento dramático, em que os bolsonaristas se revelarão mais radicais e corajosos do que o covarde presidente. O presidente é um covarde, que só pensa em salvar a própria pele e a família. O presidente está usando a radicalização dos bolsonaristas fanatizados pela midiosfera extremista para ter um poder de barganha maior e tentar obter algum tipo de imunidade jurídica", avalia o estudioso do comportamento da extrema direita.

A seguir, a entrevista de Castro Rocha com uma análise do que foi registrado no país logo após o Tribunal Superior Eleitoral (TSE) decretar a vitória de Luiz Inácio Lula da Silva (PT), ainda na noite do último domingo.

***

O que mais o impressionou na midiosfera bolsonarista após a vitória de Lula nas urnas?

A minha hipótese de pesquisa se reforçou. Há um fenômeno inédito: a produção de dissonância cognitiva coletiva deliberada por meio das facilidades propiciadas pelo universo digital e pelas redes sociais. Isso é feito no circuito interno de uma midiosfera extremista, um circuito comunicativo em cujo interior milhões de pessoas são aprisionadas e passam literalmente a viver numa realidade paralela. Todos esses episódios que mencionei – a "prisão" de Alexandre de Moraes, a "eleição" de Bolsonaro, o grupo que reza para o pneu no meio da estrada – são a demonstração concreta de que essas pessoas não estão em erro. Mas, recordando a distinção de Freud, estão em ilusão, pois a ilusão é sempre a projeção do próprio desejo. Então esse diagnóstico, infelizmente, revelou-se muito acertado.

Em sua avaliação, haverá algum momento que essas pessoas vão compreender que a eleição acabou e que Jair Bolsonaro perdeu?

Neste momento, nos encontramos próximos a um momento traumático. O problema de todo movimento messiânico é que o messianismo implica em abrir uma porta a um futuro determinado que deve necessariamente chegar. Quando o movimento messiânico é de tipo milenarista, quando afirma o fim dos tempos ou possui uma data exata em que o acontecimento decisivo e redentor deva ocorrer, o momento traumático é quando a data chega, e o evento decisivo não ocorre. Isso aconteceu hoje (quinta-feira, 3 de novembro de 2022) no Brasil. Havia as míticas 72 horas: como projeção do desejo de Bolsonaro permanecer no poder por meio de uma ditadura, difundiu-se nos grupos bolsonaristas de WhatsApp que havia um prazo mítico, depois do qual, se a convulsão social permanecesse, as Forças Armadas seriam obrigadas a agir, movidas por uma leitura terraplanista do artigo 142 da Constituição. É uma lógica de alienista. A profecia falhou.

E agora que a profecia falhou, qual é o próximo passo? Racionalizar a derrota, a exemplo do que revelou em 1956 Leon Festinger, quando publicou o livro When Prophecy Fails?

Estamos no momento de uma situação traumática para o bolsonarismo: a profecia falhou, as primeiras 72 horas já passaram, a primeira reação é a racionalização, é o que estão fazendo quando tentam buscar justificativas em leituras "cifradas" das mensagens de Bolsonaro. E o que acontecerá quando a profecia falhar outra vez? Creio que haverá uma diáspora da maioria e um núcleo radicalizado que seguirá até as últimas consequências. Esse núcleo precisará ser criminalizado e responsabilizado. E a maior parte tenderá a se afastar, porque profecias que não se cumprem em algum momento se esgotam, pois, como vimos em capítulos anteriores, não é possível eternamente racionalizar ou adiar a sua realização.

E o mais importante: o objetivo da extrema direita é manter sob assédio permanente as instituições, a intenção é desacreditá-las, pois a sociedade não aceitará que, desacreditadas, imponham freios e contrapesos à pulsão totalitária fundamentalista do bolsonarismo. Agora há um segundo passo possível, que está no livro de Leon Festinger e seus colegas. Houve tanta cobertura da imprensa sobre o caso Martin que, se os organizadores da seita tivessem sabido explorá-la, o fracasso não seria o final, mas um novo começo da seita, com uma expansão do número de membros pela pura exposição; no caso, exposição do fracasso da profecia, mas ainda assim uma exposição inédita. Por isso, a mídia não deve dar destaque a esses atos golpistas. Deixa isso para a Rádio Jovem Pan, pois o seu público já é o da bolha bolsonarista.

O que pode ocorrer com o líder messiânico desses movimentos quando as profecias anunciadas nunca se cumprem?

Na dinâmica própria desses movimentos, se há um líder que muito promete e nunca cumpre, esse próprio líder pode se tornar o bode expiatório do movimento. Talvez estejamos assistindo a um momento dramático, em que os bolsonaristas se revelarão mais radicais e corajosos do que o covarde presidente. O presidente é um covarde que só pensa em salvar a própria pele e a família. O presidente está usando a radicalização dos bolsonaristas fanatizados pela midiosfera extremista para ter um poder de barganha maior e tentar obter algum tipo de imunidade jurídica.

Mas para fazer isso ele está destruindo a vida de muitas pessoas. Muitas delas não se recuperarão da vergonha e do fracasso, e muitas delas enfrentarão pesadas consequências do ponto de vista jurídico.

Os oficiais da Polícia Rodoviária Federal e das polícias militares estaduais que bateram continência para os atos golpistas deverão ser expulsos de sua corporação. Muitos empresários que apoiaram financeiramente o movimento golpista terão de se explicar. É um movimento organizado: tem sistema de som com microfone nos bloqueios, há uma logística de retaguarda, comida, água, telefones, contato permanente entre eles. Quem está financiando? Não é espontâneo. Quais são os empresários que estão financiando? A família Bolsonaro deseja usar as manifestações para obter alguma vantagem jurídica.

O presidente da Câmara dos Deputados, Arthur Lira (PP-AL), deseja usar para barganhar o Orçamento secreto. Os partidos do Centrão desejam usar para aumentar as negociações no futuro governo. Todos estão usando as manifestações para interesse próprio. Quem no final vai ficar na ponta sem proteção?

Os manifestantes orgânicos. Tirando uma minoria fanatizada, a grande maioria vai retirar agora o seu apoio a Bolsonaro, que será simbolicamente sacrificado. Ele já fez isso em 7 de setembro de 2021, quando levou uma massa de pessoas para, se fosse o caso, dar o golpe de Estado, e os manifestantes estavam dispostos a se sacrificar para impor uma ditadura – "com Bolsonaro no poder", como reza seu mantra. Bolsonaro voltou atrás, assinou uma carta constrangedoramente escrita por Michel Temer e teve de ligar para pedir desculpas a Alexandre de Moraes. Agora, Bolsonaro já voltou atrás e pediu às pessoas: "Não pensem mal de mim".

Qual o propósito dos atos dos bolsonaristas que bloquearam estradas e saíram às ruas para protestar contra a eleição de Lula?

A extrema direita pretende manter o cotidiano da sociedade em permanente assédio para provocar ondas artificiais, com o propósito de transformá-las em realidade política e colonizar nosso pensamento. Vamos nos libertar! O governo de transição já começou. É um movimento de uma minoria, que não tem condições objetivas de dar golpe e está, cada vez mais, lançada ao ridículo: primeiro celebraram a "prisão" de Alexandre de Moraes, depois celebraram a "vitória de Bolsonaro com 61% dos votos", depois rezaram para um pneu no meio da estrada. Devemos celebrar a vitória da Frente Ampla, da defesa da democracia, vamos povoar as redes sociais e nosso imaginário com projetos de reconstrução do país – que pode, agora, se tornar a vanguarda mundial da preservação ambiental. Se isso acontecer, o Brasil muda, poderá obter recursos em proporções inimagináveis. Vamos celebrar! Não vamos nos tornar reféns de uma minoria radicalizada, lobotomizada, que só quer viver numa midiosfera extremista. Vamos fazer o contramovimento da alegria, do amor e da utopia.

CONCLUSÃO
A extrema direita veio para ficar. E agora?

Ouça um bom conselho
Eu lhe dou de graça
Inútil dormir
Que a dor não passa
Chico Buarque

O mundo pode acabar

O avanço transnacional da extrema direita ocorre num cenário propriamente distópico. Um redivivo sopro neoliberal ganhou força com a onipresença do universo digital no dia a dia em escala planetária. A digitalização da economia tanto gerou a emergência de um número nada desprezível de novas fortunas, voláteis como os tempos que correm, quanto, num impulso democrático de generosidade duvidosa, tornou o trabalho cada vez mais precário em todas as latitudes – a uberização das atividades laborais é a metáfora selvagem do fenômeno. Sua extensão coincide com sinais alarmantes de esgotamento das fontes mais elementares de vida: o ar torna-se pesado, a água sem dúvida escasseará num futuro assustadoramente próximo, o aquecimento climático deixou de ser palco de negacionismos performáticos para converter-se em desastres palpáveis ao redor do globo.

(Mesmo na terra plana os efeitos não são relativizados.)

Nesse panorama sombrio, temos muito a aprender com pensadores e pensadoras indígenas. Seus ancestrais viveram na pele o peso do apocalipse brutal da invasão europeia e o seu avatar ainda mais violento: a colonização. No romance que encerra sua trilogia indigenista, José de Alencar deixou para os últimos parágrafos a antecipação do caos:

> As duas nações, dos araguaias e dos tocantins, formaram a grande nação dos Ubirajaras, que tomou o nome do herói.
> Foi esta poderosa nação que dominou o deserto.
> Mais tarde, quando vieram os caramurus, guerreiros do mar, ela campeava ainda nas margens do grande rio.[1]

Após um sem-fim de lutas intestinas, a estabilidade alcançada pela nação dos ubirajaras é transitória, já que não resistirá à chegada dos portugueses.[2] O fim do mundo

---

[1] DE ALENCAR, José. *Ubirajara*. Rio de Janeiro: Livraria José Olympio Editora, 1953, p. 332.

[2] Curiosamente, final idêntico pode ser visto no filme *Apocalypto* (2006), dirigido por Mel Gibson. Na última cena do filme, depois de superar as piores adversidades para salvar sua família, o protagonista, Pata de Jaguar, olha ao longe os navios espanhóis

estava muito próximo, evocando as palavras de Ailton Krenak em livro cujo título revela um exercício permanente de sobrevivência:

> Como os povos originários do Brasil lidaram com a colonização, que queria acabar com o seu mundo? Quais estratégias esses povos utilizaram para cruzar esse pesadelo e chegar ao século XXI, esperneando, reivindicando e desafiando o coro dos contentes? Vi as diferentes manobras que os nossos antepassados fizeram e me alimentei delas, da criatividade e da poesia que inspirou a resistência desses povos.[3]

No enfrentamento do avanço transnacional da extrema direita, não contamos com o benefício de um saber ancestral que nos sirva de régua e compasso. Nossa deriva, por assim dizer, é órfã – *inútil dormir, que a dor não passa*.

A lição das coisas

E não passará mesmo: a extrema direita veio para ficar. As afinidades estruturais entre seu *modus operandi* e a dinâmica própria do universo digital favorecem sua permanência. E, como já mencionei na Introdução, não se pode negligenciar a importância decisiva da monetização

---

que se aproximam, ainda sem entender a dimensão da catástrofe. No romance de Alencar, o protagonista inicialmente se chama Jaguarê, isto é, aquele "que tinha vencido todos os animais, inclusive o jaguar".

[3] KRENAK, Ailton. *Ideias para adiar o fim do mundo*. São Paulo: Companhia das Letras, 2019, p. 14.

da atividade política para entender o êxito de seu discurso desumanizador do outro, pois, quanto mais radicalizada a mensagem, mais lucrativa se revela a retórica do ódio.

A extrema direita, especialmente nas redes sociais, também é um modelo de negócio bem-sucedido. E isso no varejo. Como vimos, uma legião de microempreendedores ideológicos – o MEI da era Bolsonaro! – surgiu na esteira do fenômeno, aumentando de forma inédita a penetração de ideias reacionárias em todos os níveis da sociedade brasileira e numa celeridade que não foi antevista por ninguém.

(Humildade e canja de galinha – reza o ditado.)

Em lugar de mais uma invectiva, ou ainda de outro lamento, é hora de imaginar alternativas concretas de ação e de conceber quadros teóricos capazes de caracterizar a dimensão do desafio: a instabilidade – política e sobretudo mental – é o límpido aquário no qual a extrema direita deseja sempre mergulhar.

(E nadar de braçada.)

Precisamos reinventar nossa percepção do mundo e renovar nosso entendimento da política. A ágora digital, tal como plasmada pela extrema direita, é uma sucessão de agoras deliberadamente desconexos, reduzindo a *pólis* a uma estrutura caótica cujo único centro discernível é a produção ininterrupta de afetos como o ressentimento e o ódio.

Numa perspectiva menos noturna, o apocalipse contemporâneo também significa uma convocação coletiva – talvez a última.

A etimologia da palavra abre caminhos inesperados.

Em grego, *apokálypsis* quer dizer isso mesmo: apocalipse como "o fim dos tempos", sinônimo de destruição total. Contudo, a voz também diz "descoberta", isto é, a revelação dos motivos que nos levaram à beira do abismo. Apocalipse tanto implica que cairemos todos juntos no precipício quanto espera que um inesperado passo atrás coletivo possa ser dado. Ou seja, finalmente entendemos os erros coletivos que cometemos e buscamos alternativas.

(E muitos erros foram cometidos em muitas áreas.)

O avanço transnacional da extrema direita, de fato, tem sabor apocalíptico e, nesse horizonte plúmbeo, a arquitetura da destruição bolsonarista é apenas a face sem máscara da predação neoliberal que atua em escala global. Seu enfrentamento exige a renovação de conceitos e teorias.

Um começo possível encontra-se na noção de *democracia das espécies*, tal como defendida por Edson Krenak. Tal possibilidade obriga a reconsiderar radicalmente o conceito de democracia, que deixa de ser uma oposição binária ao reacionarismo contemporâneo para abrir-se, amorosamente, em direção à Vida:

> [...] uma *democracia das espécies*. Isso significa que política, economia, educação e outras áreas do ser e do

fazer humano – a espécie mais importante do planeta – somente fazem sentido ao *cuidarem* das outras espécies, animal, vegetal e mineral – seja qual for o nome que você dê a elas.[4]

A extrema direita veio para ficar – já sabemos disso e nenhuma resposta pronta nos socorrerá: *espere sentado, ou você se cansa*. Contudo, aprendemos algo ainda mais decisivo: a extrema direita não será derrotada exclusivamente no plano político, só será possível superar seu projeto apocalíptico no plano mais abrangente e generoso da *pólis*.

A proposta de Edson Krenak e a atitude de Ailton Krenak iluminam o que mais importa: somente voltaremos a conquistar os corações e as mentes seduzidos pela extrema direita reconhecendo que, trazendo Guimarães Rosa de volta à reflexão, somos todos viventes num mundo comum. Reinventar nossas relações e ampliar nossos olhares é a "descoberta" que nos espera.

---

[4] KRENAK, Edson. Respostas. In: ROCHA, João Cezar de Castro (Org.). *Tudo por um triz: civilização ou barbárie*. Curitiba: Kotter, 2022, v. II, p. 38, grifos do autor.

Índice analítico

ação direta, governo de 120
acefalia bolsonarista 50
administração pública, paralisação da 103, 115, 135
adversário, eliminação do 51
ágora digital 176
AI-5 50, 148
algoritmo, lógica do 161
ameaça comunista 21, 59, 103
anacronismo deliberado 97
analfabetismo
   funcional 147
   ideológico 61, 147
      definição de 62
analogia-barbárie 92
anticientificismo acéfalo 136
anticomunismo 59, 145
apokálypsis 177
aquecimento climático 174
armamentismo 92
arquitetura da destruição 26, 53, 61, 77, 91, 119
   enquanto definição do bolsonarismo 63, 177
   governo Bolsonaro enquanto 62, 84, 177
arte, padronização da 114
assassinato expiatório 95
assédio institucional 170, 172

autogolpe 144
autoritarismo, de Bolsonaro 121

barbárie-bolsonaro 79, 90, 97
Battle of the Books 132
bode expiatório 96, 109, 111, 135
   mecanismo do 139, 143
   produção em série de 138
bolha bolsonarista 170
bolsolavismo 62, 90, 153, 161
bolsonarismo
   caracterização do 17, 20, 28, 33, 92, 109, 139
   como ideologia 55
   definição do 17, 148, 149
   dimensão paranoica do 125, 134
   e fanatismo 23
   e midiosfera extremista 67
   e o fim de democracia 22
   e Olavo de Carvalho 144
   e *Orvil* 58
   e teorias conspiratórias 59
   enquanto arquitetura da destruição 63, 177
   enquanto dissonância cognitiva coletiva 91, 165
   enquanto fenômeno de massa 85

enquanto forma de vida 68
enquanto visão de mundo bélica 51, 54, 58, 59, 60, 141
enraizado na sociedade brasileira 152
êxito paradoxal do 63, 141
ideólogos do 51
projeto autoritário do 26, 90, 101, 119, 120, 123, 124, 144, 152, 163, 170
bolsonarista,
   enquanto agitador de *lives* 97
   enquanto autodidata do nada 50
   enquanto guerrilheiro do Facebook 97
   enquanto soldado de PlayStation 96
   tipo ideal do 88
bolsonaristas, manipulação dos 137
Bolsonaro
   ameaça à democracia brasileira 22
   ataque ao Judiciário 148
   crimes de responsabilidade de 83
   enquanto bode expiatório de seus seguidores 167, 170
   negacionismo científico de 70
boom latino-americano 12
Brasil
   bolsonarista 71, 92, 93
   pós-político 147
   reconstrução do 172

caos
   cognitivo 52, 88, 158
      bolsonarista 147

   antecipação do 174
capitalismo financeiro globalizado 114
civilização ocidental 61
colonização 174
Comissão Nacional da Verdade 23, 146
Comuna de Paris 32
comunismo, fantasma do 21
Constituição de 1988 55, 118, 120
   ataque à 55, 142
contágio mimético 74, 89
contracultura 59
costumes
   padronização dos 114
   pauta de 18, 20, 23, 142, 145
cotidiano, digitalização do 18
covid-19 28, 63, 83, 134, 136, 137, 138, 139, 159
   guerra cultural da 67
   política pública criminosa 142
crime digital 22
crise sanitária mundial 138

debate público, despolitização do 153
Decreto-Lei 477 50
delírio coletivo 40
delírios
   bolsonaristas 68
   golpistas 94
democracia
   brasileira 41
   conceito de 177
   das espécies 177
   iliberal 143
democratura 143, 148
desenvolvimento econômico, retomada do 136

desinformação 22, 24, 34, 89, 154
  ecossistema de 33, 35
  máquina de 22, 155, 159
digital, banalidade do 52
discurso de ódio 31, 176
dissonância cognitiva 86, 89, 146, 154
  coletiva 16, 30, 35, 37, 39, 43, 83, 85, 89, 90, 95, 151, 153
    enquanto máquina eleitoral 153
  produção de 153, 168
  definição de 154
distopia 173
ditadura bolsonarista 169, 171
ditadura civil-militar 48, 56, 60, 97, 104, 105, 110, 119, 144
  crimes da 133
  violência da 105
ditadura do proletariado 58, 107, 108
Doutrina de Segurança Nacional 56, 59, 104, 108, 112, 133, 138
duplo mimético 139

economia
  da atenção 41
  digital 18, 173
eleições livres 144
eliminação simbólica 110, 112
empreendedorismo 20
emulação 47
erro (Freud) 158
Escola de Frankfurt 109, 113, 114
Escola Superior de Guerra 104
espaço público 12
ética do diálogo 44, 140, 141
  definição da 140

extrema direita 11
  brasileira 115
  transnacional 24, 25, 42, 162
    derrotas da 24
  avanço no Brasil da 16
  avanço transnacional da 17, 35, 44, 55, 142, 161, 173, 177
  e fundamentalismo 19
  e negacionismo 24
  enquanto modelo de negócio 176
  enraizamento da 175
  estratégias discursivas da 11
  êxito eleitoral da 41
  máquina discursiva da 28
  modelo autoritário da 22

fake news 22, 27, 31, 34, 75, 89, 138, 149, 153, 155, 159, 160
  máquina bolsonarista de 137
fanatismo 27
fascismo 145, 161
fatos alternativos 67, 149
franquia-Bolsonaro 23, 37, 148
  enquanto modelo de negócio 37
Fraternidade dos 7 Raios 86, 87, 93, 156
funcionalismo público, enquanto inimigo (Paulo Guedes) 62
fundamentalismo 26, 149
  religioso 136, 151, 153

gabinete do ódio, 139
generais golpistas 39
genocídio 92
  de Ruanda 92, 96, 97
Getúlio Vargas, suicídio de 74, 108

globalismo 60, 109
golpe
　civil-militar 137
　de Estado 30, 49, 74, 157, 161, 165, 171
　　triunfo simbólico do 31, 40
　enquanto forma do bolsonarismo 144
golpismo
　bolsonarista 87, 88, 136, 138
　da Polícia Rodoviária Federal 171
governo Bolsonaro, fracasso do 63, 117, 136
Grande Recusa 113
guerra cultural 17, 19, 20, 27
　bolsonarista 48, 101, 102, 115, 119, 133
　　definição da 62, 131
　　delírios da 117
　　e *Orvil* 109
　e modernidade 131
　armadilha da 24
　artifícios da 20
　da covid-19 67
　e neopentecostalismo 126
　e realidade paralela 69
　enquanto essência do governo Bolsonaro 117, 123
　enquanto forma de vida 43, 68
　enquanto máquina eleitoral 18
　idioleto da 109
　no cenário brasileiro 48
　projeto político da 24
　radicalização da 68
Guerra das Duas Rosas 74
Guerra Fria 56, 146
Guerrilha do Araguaia 97, 108

hierarquia, quebra de (no Exército) 111
hipérbole descaracterizadora 134

ideologia de gênero 21
ilusão (Freud) 158, 168
　enquanto projeção de um desejo 159
imunidade parlamentar 144
indústria cultural 114
inimigo interno 101
　eliminação do 56, 101, 104, 109, 112, 119, 133, 138, 149, 161
inimigos em série 63, 69, 143
　invenção de 63, 72, 75, 149
inimigos imaginários 79
inimigos, invenção neurótica de 136
instituições, destruição das 119, 122, 133
Intentona Comunista 108
Internacional da extrema direita 162
intimidação simbólica 75
invasão europeia 174

Junho de 2013 23, 128

kit covid 29
kit gay 21, 29, 146
Kulturkampf 103

lacração 136, 137
lavagem cerebral
　coletiva 152
　projeto de Olavo de Carvalho 145
liberdade de expressão 144

líder (Freud), e subordinação da massa 160
linchamento 96, 148
lógica da refutação 12, 163
luta
    armada 49, 57, 97, 105, 106, 107, 108, 111, 119
    ideológica 135

Maio de 68 113, 115
manipulação psíquica coletiva 145
mapa da fome, retorno do Brasil ao 84
marxismo cultural 59
MEI (microempreendedor ideológico) 162, 176
meme 129, 137
messianismo 168
metaverso 16, 85n
microdirecionamento digital 20, 161
midiosfera
    bolsonarista 68, 161
    digital 153
    extremista 16, 33, 34, 36, 43, 85, 89, 90, 95, 153, 159, 170
        circuito interno da 166
        descrição da 160
        modo de operação da 155
milenarismo 93, 168
milícia digital bolsonarista 111, 112, 121, 134
milícias digitais 110
misoginia 52
modernidade 131
monetização, da atividade política 176

moralismo 20
movimento comunista internacional 107
mundo alternativo 37

narrativa
    bem-sucedida 27
    disputa de 27, 70, 149
    manipulação de 13
    polarizadora 19, 20, 22, 68, 89
nazismo 145, 160
    ascensão do 152, 163
negacionismo 24, 26, 134
    científico 63, 138
    e crise sanitária 65
    eleitoral 30
    histórico 110
    performático 174
neoliberalismo 173
    e predação 177
neopentecostalismo, e guerra cultural 126
Nova República 22, 41, 84, 85, 152
novo conservadorismo brasileiro 109

ódio 25, 28, 135, 143, 176
    monetização do 29
Operação Lava Jato 117
Orvil 57, 105, 108, 109, 115
    e guerra cultural bolsonarista 109
    e visão de mundo bélica 58
    enquanto essência do bolsonarismo 58
    enquanto matriz conspiratória 58, 115, 117, 121

outro
  desqualificação nulificadora do 134
  desumanização do 11
  eliminação do 21, 44, 91
  luto do 28
  pedagogia de desumanização do 16, 33, 41
Partido Comunista do Brasil, fundação do 108
pena de morte, durante a ditadura civil-militar 56, 148
perversão bolsonarista 131
petismo 21
philosophes 132
pólis, despolitização da 19, 20, 37, 42, 90, 153
política, na era digital 22
profecia da reeleição 29
  fracasso da 93, 95, 157, 169
propaganda nazista 47

Querelle des Anciens et des Modernes 131

racionalização 87, 93, 157, 169
  do fracasso 165
racismo 112
radicalismo, monetização do 35
radicalização
  discursiva 41, 121
  ideológica 20, 34
  política, monetização da 90, 162
  subjetiva 30
reacionarismo contemporâneo 177
realidade
  descolamento da 31

paralela 37, 88, 90, 158, 163, 166, 168
princípio de 25, 30, 35, 54, 62, 70, 85
realismo mágico 12
redemocratização 136
redes sociais 19, 29, 40, 111
  dinâmica das 19
  "milagre da simultaneidade" 143
  engajamento típico das 90, 153
  lacração nas 136
  manipulação das 149
  no dia a dia planetário 83, 88
  vocabulário das 75
ressentimento 176
retórica do ódio 11, 13, 16, 17, 30, 32, 33, 41, 44, 54, 60, 133, 138, 149, 163, 176
  definição da 131
  descrição da 134
  e terrorismo doméstico 36
  e violência física 36
revanchismo 120
revisionismo histórico 48, 120, 133
  da ditadura civil-militar 104, 115
revolução digital 17
Revolução Francesa 132
rito de passagem 29, 36

seita
  religiosa, *éthos* de 27, 43
  secular 28
sentimento antissistêmico 128, 149
sinofobia 25

sistema de crenças
  bolsolavista 54, 90, 161
  Olavo de Carvalho 61, 146
sistema representativo 19
sociedade brasileira, desigualdades estruturais da 139
sociedade civil 19

teatro shakespeariano 76, 77, 78, 81
teorias conspiratórias 13, 22, 24, 31, 34, 54, 75, 89, 107, 136, 145, 154, 155, 160, 161
  criação de 34
terraplanismo jurídico 39, 94, 169
terrorismo
  bolsonarista 38
  de Estado 38
  doméstico 30, 34, 39, 95
  legislativo 52
tortura 50, 57, 110
  enquanto política de Estado 50, 105, 121
trolagem 104, 124
trumpismo 28, 146

uberização do trabalho 173

ultranacionalismo tropical 47
universidade, ataque bolsonarista à
universo digital 17, 156
  dinâmica própria do 175
  e mundo da política 17
  onipresença do 83
utopia, gênero literário 131

violência
  bolsonarista 133
  da ditadura civil-militar 105
  de Estado 57
  escalada da 38, 140, 147
  expiatória 93
  física 75
  monetização da 95
  simbólica 25, 143
voyeurismo bolsonarista 97

WhatsApp, uso sistemático do 19, 34, 67, 89, 104, 137, 149, 160, 165, 169

YouTube, enquanto centro de desinformação e monetização 19, 34, 67, 89, 160, 162

Índice onomástico

Adorno, Theodor W. 12, 113, 114, 115
Alckmin, Geraldo 39
Alcolumbre, Davi 121
Aleixo, Pedro 144
Alencar, José de 174, 175n
Alves, Damares 62, 102, 125, 126, 127, 142, 152
Alvim, Roberto 47, 123, 124, 125
Andrade, Carlos Drummond de 63, 139, 140
Andrade, Mário de 71
Araújo, Ernesto 102
Assis, Machado de 11, 14n, 15n, 28, 42, 44
Azevedo, Reinaldo 43n

Bandeira, Manuel 26n
Bannon, Steve 162
Barreto, Lima 7, 81
Barreto, Marcelo Mena 141n
Barthes, Roland 32
Bebianno, Gustavo 110, 111
Belchior, Antônio Carlos 11
Biden, Joseph 30
Bloom, Allan 132
Bolsonaro, Carlos 60
Bolsonaro, Flávio 34, 160
Bolsonaro, Jair Messias 16, 17, 20, 21, 22, 23, 24, 25, 26, 27, 28, 29, 32, 37, 38, 40, 41, 48, 51, 54, 56, 59, 62, 63, 65, 67, 68, 69, 72, 79, 80, 83, 84, 85, 88, 89, 90, 93, 94, 95, 96, 101, 102, 108, 109, 110, 111, 116, 117, 118, 119, 120, 121, 122, 123, 126, 128, 129, 135, 136, 137, 138, 141, 142, 145, 146, 148, 149, 151, 152, 160, 162, 165, 166, 168, 169, 171, 172, 176
Brandão, Ignácio de Loyola 11
Brook, Peter 76, 77
Brown, Mano 53, 63, 65
Buarque, Chico 173

Camões, Luís Vaz de 50
Carvalho, Luiz Maklouf 38n, 59n
Carvalho, Olavo de 11, 61, 109, 114, 115, 122, 124, 137, 144, 145, 146
Castello Branco, Humberto de Alencar 110
Celso de Mello, José 121
Cohen, Peter 58
Colombo, Cristóvão 14
Constantino, Rodrigo 40
Costa e Silva, Artur da 144

Dias Toffoli, José Antonio 121
Diniz, Augusto 43, 57n, 101n
Diop, Boubacar Boris 92

Duda, Andrzej 162
Duran, Pedro 36
Duterte, Rodrigo 162
Dylan, Bob 42

Elizabeth I 78

Fausto, Ruy 143
Felizardo, Nayara 43n
Festinger, Leon 86, 87, 88, 89, 93, 146, 154, 155, 156, 157, 158, 169, 170
Figueiredo, Lucas 58, 106
Figueiredo, Paulo 40
Freire, Paulo 33, 116
Freud, Sigmund 14n, 158, 159, 160, 167, 168
Frota, Silvio 39

Galindo, Caetano 42n
Galvão, Ricardo 115, 135
Geisel, Ernesto 38, 108, 109, 110
Gibson, Mel 174
Gimenez, Luciana 129
Girard, René 20n
Goebbels, Joseph 47, 123
Goethe, Johann Wolfgang von 34
Gonçalves, Leônidas Pires 57, 102, 105
Grael, Dickson M 38n
Gramsci, Antonio 109, 115
Guedes, Paulo 62, 117

Haneke, Michael 152
Heleno, Augusto 39, 59
Heliodora, Bárbara 77
Hitler, Adolf 72
Hölderlin, Friedrich 63
Hunter, James Davison 132

Jackson do Pandeiro 54n
Jocenir 65
Jones, Jim 94

Kleist, Heinrich von 7, 43
Krenak, Ailton 175, 178
Krenak, Edson 177, 178
Kubrick, Stanley 47

Lacerda, Carlos 73, 74
Lind, William S. 59
Lira, Arthur 80, 171
Lispector, Clarice 91
Lula da Silva, Luiz Inácio 21, 30, 39, 94, 106n, 165, 166, 167, 168, 172

Maakaroun, Bertha 43, 151n, 165n
Macedo, Edir 126
Magalhães, Mário 58
Maia, Rodrigo 121
Marcuse, Herbert 113, 114, 115
Martin, Dorothy 86, 156, 157, 170
Médici, Emílio Garrastazu 144
Mello, Patrícia Campos 20n
Minnicino, Michael 59
Moraes, Alexandre de 87, 88, 136, 166, 168, 172
Morbach, Gilberto 131n
Moro, Sérgio 117, 138, 139, 145
Mourão, Antônio Hamilton 59, 110, 111, 152

Netto, Walter Souza Braga 39
Neves, Aécio 142
Nicholson, Jack 47
Nogueira, Ciro 40

Nunes, Carlos Alberto 13n, 21n, 74, 75n, 78, 79n

Orbán, Viktor 162
Orleans e Bragança, Luiz Philippe de 111

Paschoal, Janaína 111
Pazuello, Eduardo 66, 70, 71
Pedrosa, Cida 7, 97
Pessoa, Fernando 50n
Pontes, Marcos 152

Quadros, Jânio 144
Queiroga, Marcelo 66

Ricardo III 12, 13, 15, 21, 75, 80
Riecken, Henry 86, 87n, 156, 158n
Rocha, João Cezar de Castro 24n, 101, 141, 151, 165, 178n
Rodríguez, Ricardo Vélez 102
Roque, Tatiana 24n
Rosa, Guimarães 17, 34, 178
Rousseff, Dilma 23, 142

Salles, João Moreira 53

Salles, Ricardo 62, 102
Santos Cruz, Carlos Alberto dos 111
Sarney, José 37, 57, 105, 106
Schachter, Stanley 86, 87n, 93, 156, 158n
Shakespeare, William 11, 13n, 21n, 73, 75n, 76, 77n, 79n, 80n
Silveira, Daniel 141 e 147

Tabet, Antonio 43n
Temer, Michel 87, 118, 172
Terra, Osmar 118
Trump, Donald 24, 25, 26, 27, 28, 30, 32, 41, 146, 162

Ustra, Carlos Alberto Brilhante 59, 106

Vargas, Getúlio 73, 74, 108, 144
Veloso, Caetano 43

Wagner, Richard 47
Washington, George 40
Weintraub, Abraham 102

Este livro foi composto com tipografia adobe Adobe Garamond Pro
e impresso em papel Off-White 70 g/m² na Formato Artes Gráficas.